生鲜电商企业消费者行为研究
—— 基于价值共创视角

高伟 杜雪平 谭慧存 闫静 著

西南财经大学出版社
Southwestern University of Finance & Economics Press
中国·成都

图书在版编目(CIP)数据

生鲜电商企业消费者行为研究:基于价值共创视角/高伟等著.一成都:西南财经大学出版社,2022.3

ISBN 978-7-5504-5300-5

Ⅰ.①生… Ⅱ.①高… Ⅲ.①农产品—电子商务—消费者行为论—研究 Ⅳ.①F724.72②F713.55

中国版本图书馆 CIP 数据核字(2022)第 048808 号

生鲜电商企业消费者行为研究——基于价值共创视角

高伟 杜雪平 谭慧存 闫静 著

策划编辑:何春梅
责任编辑:何春梅
责任校对:肖翀
封面设计:何东琳设计工作室
责任印制:朱曼丽

出版发行	西南财经大学出版社(四川省成都市光华村街 55 号)
网　　址	http://cbs.swufe.edu.cn
电子邮件	bookcj@swufe.edu.cn
邮政编码	610074
电　　话	028-87353785
照　　排	四川胜翔数码印务设计有限公司
印　　刷	四川五洲彩印有限责任公司
成品尺寸	170mm×240mm
印　　张	14.75
字　　数	230 千字
版　　次	2022 年 3 月第 1 版
印　　次	2022 年 3 月第 1 次印刷
书　　号	ISBN 978-7-5504-5300-5
定　　价	78.00 元

前　言

　　"三农"问题一直是党和国家重点关注的问题，21世纪以来，中央一号文件已经连续18年聚焦"三农"问题，坚持把解决"三农"问题作为全党工作的重中之重，把全面推进乡村振兴工作作为实现中华民族伟大复兴的一项重大任务，举全党全社会之力加快农业农村现代化，让广大农民过上更加美好的生活。解决农产品产供销等问题是解决"三农"问题的关键路径之一。然而，受农产品的自身特殊性的影响，农产品市场普遍存在产销不平衡、流通环节多、损耗严重等问题，这些问题阻碍着农产品健康可持续发展，制约着"三农"问题的解决。

　　生鲜电商（全称为生鲜农产品电子商务）被称为电商行业的"最后一片蓝海"，目前消费者需求旺盛，我国生鲜电商行业的发展也已经进入快车道。2020年，艾瑞咨询报告显示，我国生鲜电商市场交易规模已由2013年的不足130亿元，迅速增长为2019年的2.04万亿元，这也表明生鲜电商市场潜力巨大。事实上，生鲜电商企业的发展也正面临诸多挑战，既有易破损、标准化困难以及冷链物流体系不完善等普遍性问题，又有消费者购买体验差和线上购买渗透率低等新问题，是否能应对这些挑战是企业能否迅速提高利润、增强核心竞争力的关键所在。因此，研究消费者行为对生鲜电商企业尤为重要。

针对生鲜电商企业消费者行为问题，本书首先系统梳理生鲜电商概念、消费者行为理论、冲动性购买理论、整合技术接受与使用理论（UTAUT）等相关概念与理论；其次，在 UTAUT 理论和冲动性购买理论的基础上，对比分析消费者对生鲜电商产品的网购意愿；再次，利用信息非对称理论研究生鲜电商企业的顾客忠诚度，以及生鲜电商供应链协调等问题；最后，从价值共创视角分析生鲜电商企业的消费者体验与顾客契合关系。全书共分为 8 章，具体章节结构如下：

第一章，绪论。本章主要阐述了生鲜电商消费者行为研究的背景和意义，介绍具体研究内容与思路，并对相关文献进行系统梳理与总结。

第二章，概念界定与理论基础。本章主要阐述了冲动性购买、价值共创、生鲜电商企业消费者行为等相关理论与概念。

第三章，基于 UTAUT 理论的生鲜产品网购意愿研究。本章主要以 UTAUT 理论为基础，引入感知风险和冲动性等关键因素，利用 Logistic 模型实证分析发现，感知风险、努力期望、绩效期望、冲动性以及社会影响等因素对生鲜产品网购意愿的影响较为显著。

第四章，基于冲动性购买理论的生鲜产品网购意愿研究。在顾客无法完全了解生鲜产品质量、物流配送等信息时，本章基于冲动性购买理论和信息非对称理论，系统分析了产品品质、价格折扣等产品特征因素，以及时间压力、物流服务、商家口碑、平台信誉等情境特征因素，对消费者冲动性购买意愿产生的影响。本书研究发现，价格折扣、时间压力、商家口碑、平台信誉等因素均对消费者冲动性购买意愿有正向影响。

第五章，基于信息非对称理论的生鲜电商企业顾客忠诚度研究。基于信息非对称理论，本章结合生鲜农产品本身特点，构建了生鲜电商企业顾客忠诚度影响因素模型。本书发现，感知价值、顾客满意、顾客信任等因素对生鲜农产品电子商务顾客忠诚度的影响较为显著。

第六章，基于信息非对称理论的生鲜电商供应链协调研究。本章以"生鲜电商+TPL"构成的两级生鲜电商供应链为研究对象，考虑在市场需求受价格、TPL服务商的保鲜努力水平以及生鲜电商基本质量监督水平的影响下，基于信息非对称理论分别构建了集中决策、分散决策以及分散决策下用契约进行协调的供应链模型。研究发现，生鲜电商与TPL服务商在分散决策下，会造成供应链系统利润缺失，并且TPL服务商的保鲜努力水平远低于集中决策下的水平；而"收益共享—成本共担"契约能够有效协调该生鲜电商供应链，激励TPL服务商提高保鲜努力水平，从而更好地保证生鲜产品的新鲜度。

第七章，价值共创视角下生鲜电商消费体验与顾客契合关系研究。本章针对生鲜电商市场，在价值共创视角下研究了消费体验与顾客契合的逻辑关系。研究发现，生鲜电商用户消费体验对顾客发起价值共创与企业自发价值共创均有显著的正向影响；在生鲜电商平台管理与用户广泛参与的条件下，消费体验的优化会促使顾客和企业进一步发起价值共创行为。

第八章，总结与结论。本章对全书相关研究内容与结论进行了梳理和总结。

本书的撰写和出版得到了四川农业大学社科研究项目、四川农业大学双支计划等项目的支持；感谢西南财经大学出版社何春梅编辑等的关心和支持。疏漏之处在所难免，敬请读者批评指正。

高伟

2022 年 3 月

目　录

1 绪论

1.1 研究背景与意义

生鲜产品是指未经烹饪和深加工，只进行必要的简单处理和保鲜即可出售的初级产品，主要包括果蔬、水产、肉类等。作为电商行业的"最后一片蓝海"，生鲜电商行业的进入壁垒较高，要求企业具备物流运输、产品品控和运营管理等方面的综合能力，但同时，生鲜也是一个拥有较强产品刚需性、较高用户复购率、较高用户粘性和较大市场提升空间的潜力股品类。

根据电子商务研究中心发布的《2018（上）中国网络零售市场数据监测报告》，仅 2018 年上半年，国内网络零售市场交易规模就达 40 810 亿元，同比增长 30.1%，但其中，生鲜电商交易额只有 1 051.6 亿元，较 2017 年上半年的 851.4 亿元，同比增长约 23.5%。如此鲜明的对比表明：

生鲜电商行业的发展仍然不充分，各生鲜电商企业发展仍存在很多问题①。

由于生鲜产品具有易腐坏、易破损、易变质、难标准化、高损耗、高包装成本等特殊性，生鲜电商行业的进入壁垒也相应地提高。为了推动冷链物流行业健康规范地发展以及保障生鲜农产品和食品的消费安全，国务院办公厅于 2017 年 4 月 13 日发布了《国务院办公厅关于加快发展冷链物流保障食品安全促进消费升级的意见》。

从 2005 年"易果网"（垂直型电商平台）的成立，到 2012 年"本来生活"（自营电商平台）赚足了大众关注度的成功营销，再到近年社区生鲜及"生鲜+便利店"复合业态的兴起，生鲜电商行业也由泡沫形态进入快车道模式，竞争日渐激烈。2014 年，全国生鲜电商交易规模达到 260 亿元，同比增长 100%，但主要生鲜电商企业规模较小，因此没有受到资本市场的关注；而且，2013 年冷链生鲜送货上门的规模达到 39 亿元，其中生活、顺丰优化等生鲜电商的配送和仓储成本一般占运营成本的 20%~25%。现阶段的生鲜电商企业除了面临以往的难以标准化、易破损和冷链物流体系不完善等需长期着力改变的基础问题外，还面临消费者购买体验差和线上购买渗透率低等易被忽略但却可在短期内迅速帮助企业提高利润和竞争力的内在运营问题。若不重视这些运营问题，消费者的感知风险就会变高，相应的感知价值则会变低。当消费者的第一次购买体验低于消费者预期，回购率会下降，这可能导致生鲜电商企业利润降低甚至出现亏损的状况。

面对生鲜电商企业极高亏损率的现状，一些学者已经从生鲜电商制度

---

①生鲜企业发展所面临的主要问题是：生鲜产品高损耗、运输要求高、品质把控压力大。具体而言，生鲜产品高损耗特性对商家仓储、物流及周转速度都提出极高要求；由于生鲜产品在仓储和物流环节对冷藏、冷冻、包装要求极高，导致生鲜电商购物系统行业运营成本居高不下；生鲜产品的品质把控更严厉，由于产地和种植时机不同，即便是同一种产品，其口感也差异很大。此外，生鲜市场份额小，供应不稳定，质量控制困难。生鲜电商市场集中度和市场份额低，行业竞争力不强，产品知名度不高。发展初期，在规模小、销量小的情况下，很难与多个产区完成直接对接。单一的生鲜产地无法满足消费者的需求，而多农场供应，采购量小，物流成本高。同时，受到信息不对称等因素的影响，用户体验不理想。一般而言，在做出购买决定之前，消费者更喜欢可以直接看到、摸到或者闻到的新鲜产品。大多数消费者在没有看到真实的东西前是不会购买的，消费者会担心食品的质量和安全，这已经成为生鲜电子商务发展困难的重要原因。如果用户消费习惯没有培养到位，就会导致新鲜电商客户流失，目标客户群体减少。

环境、物流配送路径优化、流通模式、定价方式和商业模式等方面开始着手研究原因并寻求解决方法，但大多是从卖方角度出发进行研究。因此，从买方角度考虑生鲜电商企业消费者行为问题就具有较大的理论意义和重要的现实价值，既可以补充和丰富现有的消费者行为相关理论，又可以直达生鲜电商企业的经营行为。

1.2 文献综述

1.2.1 生鲜电商消费者行为研究

对于生鲜农产品消费者行为的研究，以下将分别从卖方视角和买方视角进行阐述，具体如下：

（1）卖方视角下的消费者购买行为研究

生鲜产品的特殊性，使其在以往的电商平台中发展缓慢，但是随着计算机网络技术的飞速进步、法律法规的逐步完善，以及物流业的飞速发展，网购生鲜产品的消费者人数也呈指数般增加。因此，研究消费者生鲜电商产品购买影响因素具有重要意义。近年来，很多研究者从卖方视角出发、对生鲜产品网购消费者购买意愿的影响因素进行了全面研究，冯亚中等（2018）从产品质量、产品价格和服务质量等方面构建了生鲜电商消费者购买意愿影响因素的模型；王克喜 等（2017）构建了二元 Logit 选择模型，从产品质量、产品价格和网站设计等方面来研究消费者在网上购买绿色生鲜农产品的意愿；陈范娇（2016）调查分析了产品质量、网站功能、售后服务等因素对消费者网购生鲜产品满意度的影响；何德华 等（2014）构建了影响因素模型，并分析了产品安全、质量预期和价格折扣等因素对消费者网购生鲜农产品的意愿的影响大小；杨晓鹏 等（2015）采用实证的方法研究了在信息不对称条件下，网站质量如何影响感知质量和购买意愿；Zhou（2009）研究发现，网站设计质量和服务质量的相对重要性决定了消费者的网上购买行为；肖哲晖（2015）基于制度信任和效价理论，研究发现生鲜网站声誉、制度管控、消费者对农产品的安全顾虑会影响消费者信任和消费者感知不确定性，进而影响用户网购意愿。

（2）买方视角下的消费者购买行为研究

以往很多学者都是从卖方角度来分析消费者购买行为，很少有学者研究消费者生鲜电商产品购买意愿的影响因素。但斌 等（2017）提出可基于"从众效应"来刺激消费者需求；李一玫（2016）证明了生鲜电商产品的推介性（他人推荐等）越高，消费者感知风险就会越小。就消费者预期这一影响因素而言，张应语 等（2015）通过实证研究得出，感知收益对购买意愿有正面影响，而感知风险对购买意愿有负面影响；Xie（2017）以消费者在淘宝上在线购买生鲜水果的状况为例，研究了感知风险对购买意愿的影响；祝君红 等（2017）以感知价值理论为基础，构建并验证了生鲜农产品网购意愿影响因素的结构方程模型；张国政 等（2017）以长沙市消费者为研究对象，研究发现消费者的感知价值对认证农产品的购买意愿具有显著正向影响。对于信任因素而言，张康（2017）针对线上生鲜农产品，研究了消费者购买态度对购买意愿的影响，发现消费者的食品安全信任具有一定的调节效应。此外，Chiu 等（2012）分析了消费者习惯在信任与消费者重复购买意愿之间的调节作用。

1.2.2 电商企业顾客忠诚度研究

目前，有关顾客忠诚度方面的研究，大都是针对冷链物流、购买意愿影响因素、顾客满意度①等方面。关于忠诚度的研究，国外学者 Nha 等 (1999) 发现顾客信任对顾客忠诚具有中介作用，其余因素都是通过顾客信任间接作用于顾客忠诚；Allison 等 (2003) 指出企业形象对顾客忠诚的总体影响比较大，但是直接影响比较小。他们虽然都是在研究顾客忠诚度，但是并不是针对生鲜农产品。对生鲜农产品的研究大多是从冷链物流、消费者购买意愿的影响因素等方面着手。李雷 (2017) 结合 O2O 电子商务模式的特点，把顾客感知价值、转换成本、顾客信任和顾客满意作为顾客忠诚的驱动因素，研究发现影响驱动因素的前因因素为服务质量、网站设计、价格优势、线下体验、安全性和售后担保；陈文晶等 (2015) 以二次网络购物作为研究背景，通过两次配对取样，探讨了顾客忠诚的形成机制，其研究结果表明，单次顾客忠诚度与单次顾客满意度的关系和以往研究的结论一致，具有正向影响；在时间动态的效应下，再购顾客满意度对顾客忠诚的形成具有完全中介作用；基于二次购物的体验，顾客满意度对顾客忠诚的形成具有递推式影响，并可追溯到第一次购物体验的满意度；束海峰 (2012) 认为持续良好的顾客体验不仅能带来较高的顾客满意度，还会进一步形成顾客忠诚；陶昌武 (2010) 认为顾客忠诚的形成受到顾客满意度和顾客价值度双重因素的驱动；邓爱民 等 (2014) 构建了以信任、在线网站特性、线下物流服务质量、顾客满意度、转换成本为外因潜

---

①顾客满意度是 1965 年 Cardozo 提出，并引入商业领域。其具体概念也存在一定的分歧。Day (1984) 指出，所谓的顾客满意度就是基于顾客对于事前经验或期待，消费后得到的反馈或点评。Oliver (1993) 认为，顾客满意度是消费者基于从购买产品或服务获得效用，并进行整体性评价感受的结果。Kotler (1997) 认为顾客满意度就是通过某些工具或者手段对顾客满意程度所做的定量描述，也就是顾客满意程度的一个量化统计指标。Fournier 和 Mick (1999) 研究发现，顾客满意度往往具有较强的社会属性，情感等是社会属性的主要组成部分，满意度就是顾客在情感上的情绪反应，在定义上区分于品牌影响、认知反应和行为反应。很多国内学者也对顾客满意度进行了大量卓有成效的研究，李蔚 (1994) 明确提出顾客满意战略，认为顾客满意包括理念满意、行为满意和视觉满意，这也成为我国系统研究顾客满意度的开端。王作成 (2004)、林建华 (2005) 等学者认为顾客满意就是消费者对产品或者消费服务的一种综合感受或者评价，消费者的主观性比较强，就是消费者购买效用的实际值与期望值的差异。黄天龙 (2011) 认为，顾客满意度是指在购买的事前、事中、事后，顾客对所购产品或服务的期望、体验和绩效的情感和反应，无论顾客购买什么样的产品和服务，都会获得对应的效用。李玉萍和胡培 (2015) 提出顾客满意度是顾客对网上购买产品或服务的感知结果，与事前期望值比较后，高兴或失望的程度。一般而言，顾客满意度的定义具有较强的主观性、动态性、易变性等特征，未来对于顾客满意度的研究仍具有较高的理论价值与实践意义。

在变量，以顾客忠诚度为内因潜在变量的实证分析模型，其研究发现顾客满意度和转换成本是网络环境下顾客忠诚度的主要影响因素；司维纳（2014）认为，品牌特性会对品牌信任、品牌情感和品牌忠诚产生显著影响，而品牌忠诚则被品牌信任、品牌情感和品牌依附显著影响；邱培（2017）在顾客感知价值视角下，对移动电子商务顾客忠诚影响因素进行了研究，发现产品、服务、便利性以及顾客满意对顾客忠诚存在正向的显著影响，成本和风险对于顾客忠诚存在负向的显著影响；肖轶楠（2017）指出顾客感知亲密感和地位感都会对顾客忠诚产生正向影响。

关于从生鲜农产品出发研究顾客忠诚问题，江飞（2016）基于服务质量理论，构建了农产品电子商务顾客满意度和忠诚度模型，在农产品电子商务环境下，分析了网站设计质量和物流服务质量对顾客满意度和忠诚度的影响机理，研究发现顾客满意度对顾客忠诚度有正向显著影响；李蕾等（2017）基于顾客价值理论和服务质量理论，进一步研究顾客满意度问题，发现在农产品电子商务环境下，感知价值是影响顾客满意度的最重要因素，服务质量是影响顾客满意度的第二重要因素、而顾客满意度显著影响顾客忠诚度，但转换成本并未对顾客满意度和忠诚度的关系起到显著调节作用。

1.2.3 消费者冲动性消费行为研究

国内很多学者已经就冲动性消费行为进行了大量卓有成效的研究。但是，鉴于冲动性问题的复杂性，目前关于冲动性的定义还存在一定的争议。Rook 和 Hoch（1985）提出冲动性行为应包括五大要素：冲动性购买行为是一种突然的、无意识源头的购买欲望；是一种心理失衡状态；消费者会面临剧烈的心理冲突；会降低自己的认知与评价；不是很在乎购买行为的后果。而 Piron（1991）认为冲动性购买行为是：非计划性的、暴露于刺激下的、"当场决定"的行为。阎巧丽（2009）将冲动性购买定义为：消费者在特定环境所激发的动机和强烈情感的作用下，放弃自我控制所实施的未经深思熟虑、不计后果且无先期计划的购买行为。在此基础上，张迪（2010）认为冲动性购买具有外部强烈刺激、消费者情感反应被激发、强烈的购买欲望、认知评估降低、购买行为的非计划性五个特征。本书将冲动性购买意愿定义为：在外界刺激下，消费者对特定产品产生的强烈的、不计后果的购买意愿。

关于消费者在非冲动购物心理下产生的购物行为，王求真 等（2014）以 S-O-R 模型为研究基础，通过眼动实验发现：价格折扣、购买人数会对唤起感起正向作用，而唤起感则会进一步影响消费者的购买意愿及行为。何德华 等（2014）通过实证分析发现，产品质量和安全、网站信息丰富度对消费者网购生鲜产品的意愿影响较为显著；而价格折扣、包装和物流服务对消费者网购生鲜产品的意愿影响不显著。曾慧 等（2014）指出，产品价值感知、物流服务感知均正向影响网络消费者的信任。肖哲晖（2015）构建了基于信任的成本收益研究模型，经实证研究后发现，生鲜网站声誉可以提高消费者信任。此外，很多学者认为消费者信任会对其购买意愿和行为产生影响。王洪鑫和刘玉慧（2015）发现品牌形象可能影响消费者的购买决定。参考艾瑞咨询发布的数据：用户在选择生鲜电商平台时最看重的两个因素为食品安全和价格；由消费时间统计得知，用户网购生鲜产品主要集中在 09：00-12：00 和 18：00-21：00 这两个时段，分别为午餐和晚餐前的备餐时段，因此用户可能选择这两个时间段网购所需要的食材。

针对不限商品类别的消费者冲动性购物研究，Turkyilmaz 等（2015）认为网站的易用性会对消费者的冲动网购行为产生影响，即网站的易用性越高，消费者越易产生冲动购买行为。在针对消费者网上冲动性购买生鲜产品意愿的影响因素的研究中，张迪（2010）考虑了网络购物环境的特点如不可触性等，通过数据分析得出图文展示对消费者的冲动性购买情感的正向影响程度最大。熊素红和景奉杰（2010）认为所有的冲动性购买行为都是消费者在商场中受到外部因素的刺激而实施的，并将外部刺激分为价格刺激、营销氛围及触摸三个部分。陈流亮（2014）发现网上购物频率对网上冲动性购买行为没有显著影响。李莎（2016）发现，在促销因素、在线评论、成交记录等外界刺激变量中，在线评论最能引起消费者的积极情绪。白雪玘（2016）将消费者冲动性购买模型应用到生鲜电商冲动性购买意愿研究中，发现产品价格、品质、商家图文展示、购买评论、口碑、运输速度、消费者冲动购买倾向、购物享乐倾向因素均正向影响消费者冲动购买意愿。熊高强（2017）将产品介绍、商品价格、卖家服务承诺及资质、网店装修、客户服务质量五个因素视为影响冲动性购买意愿的因素，并利用描述性统计和权重分析发现，"卖家服务承诺及资质"因素对消费者影响最大。

冲动性购买是一种非理性的特殊性购买，是一种突发的、难以抑制的、带有享乐性的复杂购买行为①。根据相关统计，当下冲动性购买行为在消费者的购买行为中占比 80% 左右，因此探索冲动性购买行为的影响因素，对于相关理论研究和实践均具有重要意义。目前，对于冲动性购买的研究，主要是从营销刺激因素、产品价格、产品特征、情境因素等角度出发，得到了很多具有重要理论价值与实践意义的结论。

（1）营销刺激因素对冲动性购买的影响

在产品价格方面，Lin 等（2005）针对价格折扣刺激因素对消费者冲动性购买行为做了研究，发现因价格折扣带来的经济节省会让消费者产生薅羊毛的心理，从而产生冲动性购买行为。而一味的规律性价格变动，则会让消费者捋清规律，从而理性购买，后续研究还发现限量购买和袭击性价格折扣会加剧消费者冲动性购买意愿。

实体商店内的销售氛围同样也是一种重要的刺激因素。Morrin 和 Chebat（2003）的研究表明充满情感的背景音乐会让冲动型消费者产生更多的购买意愿，但情感是否起中介作用还有待验证。芬芳的香水气味能使人得到放松，从而让谨慎型消费者暂时放下心理芥蒂，短暂地改变其认知和评价，进一步提高谨慎型消费者的购买量。但商家一定要保持刺激适

①由于冲动性购买行为涉及复杂的心理情境、外部因素和个体状态，因此理论界对冲动性购买行为还没有较为清晰的界定，根据研究目的和情境的不同，很多学者给出了不同的冲动性购买行为定义。当具有享乐情节的消费者处于情感冲突时，Rook（1987）认为他们会迅速做出决策，极易发生冲动性购买行为。Kollat（1967）认为冲动性购买是一种情感体验，是消费者经历一种突发的、强烈的、坚决的和持续的渴望后而忽略购买后果的立即性购买行为。杜邦公司认为冲动性购买即"非计划性购买"，是指消费者在一次购物结束后所购物品与计划购买物品之间的差额，多余部分即为冲动购买物品。Weinberg 和 Gottwald（1982）认为冲动性购买与情感和认知有关，并将冲动性购买定义为非计划的、没有深思熟虑的、轻率的行为。Piron（1983）认为冲动性购买与消费者个体情感和行为时间有关，是消费者在受到一定刺激后产生的情感反应，从而采取的一种立即性、非计划性的购买。而 Stern（1962）认为冲动性购买并非是完全非计划性、非理性购物，其实质还是理性购物行为，是消费者在短时间内受到了一定程度的刺激，而采取的冲动行为，并将冲动性购买分为了计划性冲动购买、纯粹性冲动购买、提醒型冲动购买和启发性冲动购买。

量，避免因刺激过度而带来的物极必反效果。广告作为销售的间接渠道，能吸人眼球的广告必然能激发购买欲望，商家可以加强广告宣传力度，使产品特点深入人心，从而提高消费者购买欲望激发消费者的冲动性购买。

对商品的实际触摸也会影响消费者的冲动性购买。通过触摸，消费者可以直接感受到产品的质感等属性信息。Peck 和 Wiggins（2006）的研究表明，通过触摸，可以影响消费者的享乐性情感，从而增强其购买意愿。但他们仅仅考虑了个体特征的不一致性，所以对触摸需求划分出了两个维度：一是功能性维度，二是本能性维度。对于本能性触摸需求的个体而言，追求的是有趣、享受和愉悦，而冲动性购买是一种具有享乐性质的购买行为，因此触摸会加剧本能性触摸需求个体的冲动性购买行为。

（2）产品特征对消费者冲动性购买意愿的影响

现有研究表明产品特征是影响消费者冲动性购买行为的重要因素。Seibert（1997）认为产品价格是影响消费者冲动性购买最重要的因素。Shiv 和 Fedorikhin（1999）指出除价格外，产品的生命周期、种类、储存的便利性等均会影响消费者冲动性购买行为。针对网购商品类型，章璇 等（2012）研究了消费者在线冲动性购买行为，发现相比于实体产品，消费者对在线虚拟产品更容易产生冲动性购买，且对享乐性虚拟产品的购买意愿和冲动性购买比例最高，所以商家应针对不同的产品类别采取不同的营销手段。随着互联网的迅速发展，产品更新换代的速度加快，产品创新是否也会促进消费者冲动性购买已成为学术界和企业关心的重要问题。常亚平 等（2012）研究得出产品的外观、操作创新会激发冲动性购买，反之功能创新不起作用。

（3）情境因素对消费者冲动性购买意愿的影响

通过"双十一""6·18"等限时抢购活动所创造的惊人销售额来看，时间压力确实会对消费者的冲动性购买产生影响，并且 Hoch&Loewenstein（1991）在早年间就研究发现消费者感知时间压力越大，越容易产生冲动性购买。但现有的大多数文献均研究的是个体因素的影响，Feinberg，Krishna，&Zhang（2002）指出群体和其他人也会对消费者冲动性购买产生影响，并且随着网络的发展，基于电子信息的交易分享更能刺激冲动性购买。基于此，部分学者通过参照组的不同影响类型，来研究在不同的时间压力下是否会存在差异，其研究表明时间压力和参照组影响类型对冲动性购买具有交互作用：时间压力低，信息性影响更能激发冲动性购买；时间压力高，规范性影响更能起作用，并且即使喜悦和规范性评估充当了中介；更进一步探索出数量性信息在时间压力高的情况下更能激发冲动性购买，反之，内容性信息在时间压力低的情况下更能起作用。

1.2.4　价值共创对消费者行为的影响

目前，很多学者利用整合技术与使用理论（UTAUT）对消费者行为进行研究，例如赵保国和成颖慧（2013）基于 UTAUT 模型研究了在网络团购中，消费者购买意愿的关键性影响因素以及因素间的相互关系；Héctor 等（2012）在 UTAUT 模型的基础上，研究了乡村旅游用户心理因素对在线预订或购买乡村住宿服务意愿的影响，发现用户在信息技术方面的创新能力具有显著的调节作用；严安（2012）以 UTAUT 为背景构建了百度产品使用的影响因素模型，利用问卷调查方式，借助 SEM 法研究发现，努力期望是影响百度产品使用意愿的关键因子；韩丹 等（2018）以山东省部分消费者为研究对象，研究了消费者的网站熟悉度、感知风险和产品熟悉度在 UTAUT 框架中的中介作用，发现感知风险对消费者网购生鲜农产品的购买意愿会产生显著的负向影响。

目前，大多数学者主要是从生产领域和消费领域来研究价值共创对消费者行为的影响。

（1）生产领域的价值共创

在生产领域，价值共创强调企业才是价值主导者，而消费者仅仅作用于价值创造的前端，即消费者通过企业提供的渠道，向生产者反馈需求信息，以此方式参与由企业独自完成的研发、设计、生产等价值创造活动。而在服务业中，Grace（2008）指出，在服务共同创造中，顾客参与企业主导的核心服务创造，彼此互动，从而获得个性化体验，也就成为价值创造者。此外，Alam（2015）指出顾客参与服务业价值共创的研究主要集中在顾客参与新服务开发、服务创新、自助服务技术等方面。国内也有很多学者研究发现，在众多有关顾客参与制造业的价值共创的研究中，顾客参与新产品开发是主要内容。

在生产领域，不论研究主体是企业、消费者，还是员工，创造的价值都直接体现在产品或服务质量与生产效率上，而对主体的影响则是间接作用。Dong 等（2013）研究发现，顾客参与企业主导的设计和研发活动，在降低成本、提高效率的同时，也制造出了顾客满意的产品，提高了顾客满意度。此外，Zwass（2010）根据虚拟环境中的价值共创发起的主体不同，将价值共创划分为发起的价值共创和自发的价值共创。其中，发起的价值共创是指以企业或社区为主体，发生在生产领域的，B2C 之间的价值共创。Vargo 等（2006）认为生产领域的价值共创仍然是企业为消费者创造价值，没有摆脱企业设计价值创造体系、消费者被动参与的束缚。金永生等（2013）指出，在该领域的价值共创仍然没有摆脱传统价值创造理论，对于价值的理解仍然停留在企业生产活动创造层面，只是将消费者引入生产领域，而企业仍是价值的主导生产者。Lanier 和 Hampton（2008）在研究顾客参与和体验营销时，也研究了生产领域的价值共创，认为该领域的价值共创，并不属于真正的价值创造，只能称为共同生产。

（2）消费领域的价值共创

在该领域的价值共创强调消费者是价值的主导者，消费者作用于价值创造的后端，即消费者在产品生产出来后与企业在消费领域互动从而产生创造价值。武文珍和陈启杰（2007）指出，企业与顾客共同努力创造价值，但顾客才是真正的主导者。正如 Firat 和 Dholakia（2006）的观点，基于不同的社会情境，顾客根据自身特性创造独具个性的价值，通过个性的形式感受价值，在某些情况下甚至可以决定价值创造的时间、地点和方式。Zwass（2010）将价值共创分为传统价值共创和自发价值共创（autonomous value co-creation），所谓自发价值共创就是以顾客为主体，发生在消费领域的，消费者与消费者之间的价值共创。

在消费领域下，价值研究主体主要为消费者，且价值是消费者的体验价值。如王新新和万文海（2012）在研究价值共创对品牌忠诚的作用机制时指出，消费领域中的共创价值是指体验价值，而情感体验价值在其中最为显著。张明立和涂剑波（2014）在研究虚拟社区共创用户体验对用户共创价值的影响时，也将共创价值分为实用价值与享乐价值。Chen 和 Wanglc（2016）在研究顾客参与、价值共创和顾客忠诚的关系时也将共创价值分为享乐价值、经济价值和关系价值等维度。消费者领域的价值共创理论受到国内外学者的广泛认可。Lanier（2008）认为，消费者参与价值创造的活动应分为共同选择、共同生产和共同创造这三种形式，而前两种价值创造活动都属于生产领域的共创价值范畴，只有在共同创造中，资源由消费者控制，消费者创造的内容能够超越企业的预期，才是真正意义上的共创价值。武文珍 等（2017）研究指出，对生成的价值的感知过程并不是共创顾客价值，顾客价值的形成过程才是共创顾客价值，表明了顾客才是共创价值的主导，该形式的价值创造才是真正的价值共创。

1.3 研究内容与方法

1.3.1 研究内容

针对生鲜电商企业消费者行为问题，本书首先系统梳理了生鲜电商、消费者行为理论、冲动性购买理论、整合技术接受与使用理论（UTAUT）等相关概念与理论；其次，分别在 UTAUT 理论和冲动性购买理论的基础上，系统分析了生鲜电商产品网购意愿问题；再次，利用信息非对称理论分别研究了生鲜电商企业顾客忠诚度，以及生鲜电商供应链协调等问题；最后，从价值共创视角下分析了生鲜电商企业的消费者体验与顾客契合关系。

1.3.2 研究方法

本书在对于生鲜电商消费者行为的研究过程中，综合运用了博弈论、比较静态分析以及数值仿真等方法，具体如下：

（1）文献研究法。本书以生鲜产品、冲动性、感知风险、UTAUT、购买意愿和影响因素等为关键词，系统梳理了现有关于生鲜产品、消费者网购生鲜产品意愿的影响因素以及 UTAUT 理论等方面的文献，试图为研究 UTAUT 和生鲜产品网购消费者的购买意愿影响因素找到较为可靠的理论支持。

（2）问卷调查法。本书采用问卷调查法对模型中的各变量进行测度检验，初始问卷基于以往文献中的测度量表进行设计；进一步地，结合电子商务研究专家的意见与预调查的问题反馈，对初始问卷进行多次修正与完善，以确保问卷的有效性和问题的客观性。

（3）统计分析法。本书采用克朗巴哈系数法来确保指标内部一致性的信度；借鉴已有的成熟量表来确保模型的内容效度；分析旋转后的因子载荷矩阵来保证模型的结构效度；采用相关分析来明确各影响因素之间的关系；采用二元 Logistic 回归分析来得到各因素对生鲜产品网购消费者的购买意愿影响的大小。

（4）博弈论。本书利用博弈论中的 Stackelberg 博弈，考虑到生鲜电商与 TPL 的决策存在先后顺序，构建了两级生鲜电商供应链的分散决策模型。在该模型中，生鲜电商是主导企业，它首先做出决策，TPL 作为跟随企业随后做出决策。

（5）比较静态分析。本书将分散决策模型下的供应链相关参数与集中决策模型下的供应链参数进行比较，具体直观地表明了供应链存在的不协调现象，进一步设计契约并计算出使供应链实现协调的参数条件；在保持其他因素不变时，分析了某个因素对供应链整体利润的影响程度。

（6）数值仿真法。针对"生鲜电商+TPL"的供应链结构，本书对涉及的一些参数进行了赋值，利用计算机程序进行数值仿真，通过对比不同决策模型下的参数取值，更直观地验证了本书的研究结论。

1.4　研究思路

本书首先系统梳理了生鲜电商、消费者行为理论、冲动性购买理论、整合技术接受与使用理论（UTAUT）等相关理论，然后在 UTAUT 理论和冲动性购买理论的基础上系统分析了生鲜电商的产品网购意愿，并且利用信息非对称理论分别研究生鲜电商企业顾客忠诚度，以及生鲜电商供应链协调等问题；最后，从价值共创视角下分析生鲜电商企业的消费者体验与顾客契合关系。具体研究思路如图 1-1 所示。

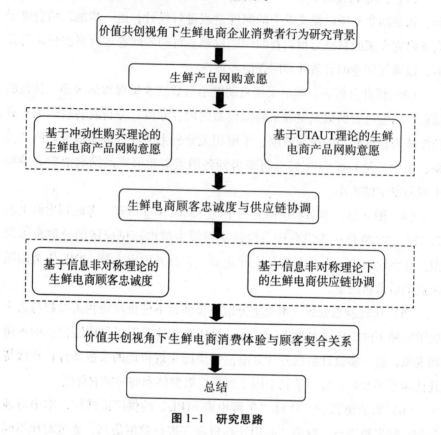

图 1-1　研究思路

2 概念界定与理论基础

2.1 概念界定

2.1.1 生鲜农产品与生鲜电商

生鲜农产品是指，由生产者生产，未经过进一步加工，具有易逝性、易腐性、季节性等特点的初级农业产品，主要包括瓜果蔬菜、蛋、奶制品、水产品、肉禽类等。生鲜农产品种类较多，涵盖了大部分满足消费者日常生活需求的产品，是居民生活中不可或缺的部分。

生鲜电商，全称为生鲜农产品电子商务，是指利用互联网来销售生鲜农产品。在我国，生鲜电商持续升温是从 2012 年"褚橙进京"事件开始的，自此生鲜电商便越来越受到消费者和商家的广泛关注。生鲜电商的发展经历了初创期、调整期、成长期三个主要阶段，具体为：

第一阶段初创期（2005—2011 年）

2005 年，易果网成立；2008 年，出现了专注做有机食品的和乐康及沱沱工社，这几个企业都是专注于小众市场。同时，受到国内外多起食品安全事件的影响，消费者对高品质、高安全性、可溯源的有机生鲜农产品需求激增，市场上先后出现了众多生鲜电商平台和品牌。

第二阶段调整期（2011—2013 年）

事实上，过多商家的进入也导致生鲜电商行业平台和产品的参差不齐。逐渐加剧的竞争，以及生鲜电商模式自身的不足，最终致使很多企业倒闭，如 2013 年北京的"优菜网"，上海的"天鲜配"。2012 年伊始，刚成立一年的生鲜电商"本来生活"，凭借"褚橙进京"事件的营销一炮走红，随后又在 2013 年春发起了"京城荔枝大战"等营销活动，使得生鲜电商再度引起人们的广泛关注。在此阶段，社会化媒体及移动互联网的发展也促使生鲜电商探索更多的商业运作模式，为之后的快速成长打下了基础。

第三阶段成长期（2013 年至今）

在第二阶段诞生的生鲜电商中，以顺丰优选、可溯生活、一号生鲜、本来生活、沱沱工社、美味七七、甫田、菜管家等为代表的平台都获得了强大资金支持，各企业依据自己的行业资源优势，在 B2C、C2C、O2O 等各种商业运作模式方面都展开了激烈竞争。第三阶段，诸多生鲜电商平台的最大特征就是从"小而美"转变为"大而全"，几乎所有生鲜品类都有所涉及，生鲜电商也开启了新一轮资源整合与格局更变的阶段。

2.1.2 第三方物流（TPL）

第三方物流（third-party logistics，TPL），也称作委外物流或是合约物流，是相对于"第一方"发货人和"第二方"收货人而言，由独立于生产方与需求方的第三方实质性资产企业来承担其他企业物流活动的一种物流形态，包括运输、仓储、存货管理、订单管理、资讯整合及附加价值等服务。常见的 3PL 服务包括设计物流系统、EDI 能力、报表管理、货物集运、选择承运人、货代人、海关代理、信息管理、仓储、咨询、运费支付、运费谈判等。

随着信息技术的发展和经济全球化趋势的加强，越来越多的产品在世界范围内流通、生产、销售和消费，物流活动也日益庞大和复杂，而第一、二方物流的组织和经营方式已不能完全满足社会需要；同时，为参与世界性竞争，企业必须确立核心竞争力，加强供应链管理，降低物流成本，把不属于核心业务的物流活动外包出去。于是，第三方物流应运而生。TPL 既不属于第一方，也不属于第二方，而是通过与第一方或第二方的合作来提供其专业化的物流服务，它不拥有商品，不参与商品的买卖，而是为客户提供以合同为约束、以结盟为基础的，系列化、个性化、信息化的物流代理服务。

随着消费市场竞争的加剧，企业逐渐把自身资源集中到自己所擅长的领域，而企业的物流业务就外包给了专业化的第三方物流。企业引入第三方物流不仅有利于集中自身力量于核心业务，还可以减少库存、节约费用、增加自身供应链柔性。具体体现在：

①企业集中精力于核心业务。由于任何企业的资源都是有限的，很难成为业务上面面俱到的专家，因此企业可以把资源集中于自己擅长的主业，而把物流等辅助业务留给物流公司。

②灵活运用新技术，实现以信息换库存，降低成本。

③减少固定资产投资，加速资本周转。企业自建物流就需要投入大量的资金购买物流设备、建设仓库和信息网络等。这些资源对于缺乏资金的企业特别是中小企业是个沉重的负担。而如果使用第三方物流公司不仅能减少设施的投资，还没有仓库和车队等产生的资金占用，故而加速了资金周转。

④提供灵活多样的顾客服务，为顾客创造更多的价值。

当然，与自营物流相比较，第三方物流在为企业提供上述便利的同时，也会给企业带来一定的不利之处，主要体现在：企业不能直接控制物流职能；不能保证供货的准确和及时；不利于保证顾客服务的质量和维护与顾客的长期关系；企业将放弃对物流专业技术的开发等。

2.1.3 供应链协调

一般而言，供应链是自发形成的，这样一来就往往会失调，也就不能发挥其最大的运作效率。根据目前的研究来看，马士华（2020）将供应链失调的原因归结为三点，即目标不一致、信息不对称以及决策不一致。所谓的目标不一致，就是说在一个自发运行的供应链中各企业都是以自身利益最大化为目标，目标的不一致必然会导致做出的决策行为不一致，加之供应链内外部之间的信息不对称引起的系统风险，失调是不可避免的。

关于供应链协调的准确定义，目前学术界还未形成统一认识。一般而言，所谓的供应链协调就是设计一种供应链成员之间运作决策的机制，这种机制能让供应链的各个成员之间决策目标一致，在实现整个供应链绩效最优的同时，也实现每个成员自身利益的最大化。协调的方式有多种，目前通常采用契约加强供应链成员之间的合作，从而消除不确定性，使供应链达到协调状态。

供应链契约又称供应链合同合约，是指通过提供合适的信息和激励措施，保证买卖双方协调，优化销售渠道绩效的有关条款。即使供应链达不到最好的协调，也可能存在帕累托最优解，以保证每一方的利益至少不比原来差。同时一个由交易各方达成的具有法律效力的文件能使其中一方通常指供应商，答应在一定的条件下如数量、质量、价格、送达时间、采购时间、信用条件和付款条件等向另一方提供商品或服务，而另一方通常指采购商或经销商根据契约的规定，包括契约的激励和惩罚因素，向另一方支付一定数量的报酬或者其他商品或服务。供应链契约是供应链协调机制实施的具体形式。

有效的供应链契约有两个主要作用。其一是可降低供应链的总成本、降低库存水平、增强信息共享水平、改善节点企业相互之间的沟通交流，从而产生更大竞争优势以实现供应链绩效最优。其二是可实现风险共担。供应链中的不确定性包括市场需求、提前期、销售价格、质量、核心零部件的生产能力及研发投入等。契约是使双方共担由各种不确定性带来的风险的重要手段。供应链契约的本质是一种协调机制，通过改变供应链的协调结构，从而使供应链达到协调运作状态。供应链契约是影响供应链整体绩效的重要因素。

Pasternack（2002）首先提出供应链契约协调理论，指出合适的契约可以有效地对供应链进行协调。比较常见的供应链契约主要有：收益共享契约、风险分担契约、回购契约、数量折扣契约、批发价格契约。

①收益共享契约就是契约双方约定供应商以较低的批发价将产品出售给零售商，零售商将所得收益按照一定比例分享给供应商，两者最终利润高于其分散决策下的利润。

②风险分担契约是指契约双方由一方分担另一方的部分风险，双方根据风险规避程度约定风险的承担比例，从而提高供应链双方的利润使得供应链协调。一般情况下，收益共享契约完全可以有效地对供应链进行协

调，但是在受到风险偏好、信息非对称等因素影响时，单一收益共享契约很多时候无法有效地协调供应链。

③回购契约就是供应商对零售商没有卖掉的产品以低于批发价的价格进行回购，故该契约的转移利润就是在上述批发价契约所付利润的基础上，扣除那些没有卖掉的产品的回购值。其目的是给销售商一定的保护，引导销售商增大采购量，使需求不确定性从而产生，而后针对分散决策供应链中具有需求则更新的批发价合同，及其引起的双重边际化问题利用收益共享合同进行分析并得到解决方案及一些有用的信息。

④数量折扣契约又称批量作价契约。这是企业对大量购买产品的顾客给予的一种减价优惠。一般购买量越多，折扣也越大，以鼓励顾客增加购买量，或集中向一家企业购买，或提前购买。数量折扣又可分为累计数量折扣和一次性数量折扣两种类型。

⑤批发价格契约中仅有批发价格是固定的，零售商根据批发价格来决定自己的订货量。此时，供应商根据销售商的订购量进行生产。供应商利润是固定的，零售商的利润取决于其产品的销售量，但同时零售商也要承担产品的库存处理风险，风险完全由零售商承担，销售商承担产品未卖出去的一切损失。

2.1.4　价值共创

价值创造是企业战略关注的核心问题之一，价值创造主体的变化导致了对价值创造方式的不同认识。根据价值共创理论，生产者不是唯一的价值创造者，消费者也不是纯粹的价值消耗者，而是与生产者互动的价值共创者。作为一种新的价值创造现象，价值共创理论越来越受到管理学界的关注，该理论的提出对传统的价值生成方式、企业战略、营销理念乃至消费者行为研究产生了极大的冲击。

要理解分析价值共创相关问题，首先需要回答创造的是什么"价值"，不同学术领域对"价值"的理解不尽相同，而价值共创需要重点关注营销领域在不同阶段关于"价值"涵义的讨论。卜庆娟（2017）提到市场营销学是由经济学中商品交换相关研究发展而来的，所以在商品主导逻辑中，市场营销活动的价值导向一直是企业所创造的交换价值。钟振东 等

（2014）提到新经济环境不断发展使得商品主导逻辑被服务主导逻辑所取代，消费者不再是价值毁灭者而成为价值的主导创造者，能够创造出使用价值；同时指出使用价值的创造与资源运用同步进行，并由消费者主观判断商品或服务是否在某些方面变得更好。Ramaswamy 等（2004）认为面对消费者多样化的消费需求，企业开始不断投资于丰富的产品或服务，价值的意义正由传统的以企业为中心的观点向个性化的消费者体验观点演化。李朝辉（2013）、简兆权 等（2016）则从顾客主导逻辑、服务科学、服务生态系统等视角进一步拓展，着重关注情境价值。文超等指出价值共创是消费者和企业进行充分互动的过程，消费者能够通过各种形式的互动不断贡献出智慧与劳动，配合企业设计、研发、生产和提供对消费者自身有价值的产品和体验。袁婷 等（2015）从价值共创相较于传统价值创造理念的优势特征出发，指出价值共创将过程与结果相结合，打破了价值创造边界，在互动过程中通过完善消费者体验来实现客户价值的创造。

当然，很多学者也分别从狭义和广义两个层面来解读价值共创。所谓狭义的价值共创，是指企业和顾客在直接互动时共同创造使用价值；而广义的价值共创在狭义价值共创的基础上，还包含在企业产品设计、研发、生产直到销售各环节中，顾客可以通过直接或间接参与互动来创造价值。国内学者也很关注价值共创的实践意义。卢俊义（2011）基于对供应商和客户之间价值共创过程的实证研究，强调了客户体验的重要性并为供应商参与价值共创实践提出了具体建议，包括加强供应商与客户的互动过程管理，有效管理客户体验过程，构建领先客户的识别机制以及提升供应商和客户之间的关系规范。张婧 等（2014）通过对知识密集型企业进行价值共创研究的实证分析，指出价值共创需要引导消费者主动参与，提倡通过平台建设和专业团队实现参与方投入资源的高效整合，同时强调企业需要将价值共创的理念制度化，以确保其在企业内部的渗透和执行。武文珍（2014）则提出实现价值共创需要对企业的营销战略进行调整，包括调整与转变企业角色，建立与客户的互动机制，共创客户体验价值以及对客户进行适当心理授权。

价值共创的传统视角认为，在工业社会中价值创造的方式基于产品主导逻辑，在此逻辑之下，生产者才能创造价值，是唯一的价值创造者，生产者所提供的产品和服务是其创造价值的载体，而顾客的消费行为只能消耗价值。基于顾客体验的价值共创认为共创价值本质是共同创造消费者的体验价值。在企业经营中，价值共创贯穿于消费体验全过程，消费者是与企业共同创造体验价值的核心和决定因素，而企业与消费者通过互动共同创造消费者体验的过程就是价值共创，同时在研究过程中，他们构建了一个"DART"模型用于激发企业与消费者共同创造价值。基于服务主导逻辑的价值共创认为价值的重心由交换转为使用，企业在价值创造中不能起决定性作用，只能提供相关主张，顾客才是价值的共同创造者。目前，服务主导逻辑的研究从只关注企业与顾客之间的二元关系，到现在已经发展到研究服务逻辑/服务科学以及服务生态系统等多个参与者之间的网络关系。近年来，又出现了另一种价值创造的类型——顾客主导逻辑，该逻辑认为日常生活中的使用价值创造由消费者主导和控制，消费体验则在顾客主导逻辑下的价值共创中处于核心地位。

一般而言，价值共同创造过程的典型步骤如下：

第一，明确定义项目目标。

第二，准确找到需要融入到项目中来的顾客。比较：卡拉杰克模型（Kraljic Model）。顾客不断变化，明天的顾客可能就会和今天的有所不同。

第三，与顾客合作，找出他们真正需要包含在产品或服务中的成分。

第四，联合设计产品及系统，以满足那些特殊成分的生产需求。这还要求企业选择适当的合作伙伴，融入自己的生产经营网络。

第五，决定如何分享价值。

第六，战胜来自网络内部的各种阻力——经销商、顾客及企业的合作伙伴。这是一个至关重要的步骤，用以确保企业能够有效控制各个渠道。

2.1.5 客户保持策略

客户保持策略（customer retention strategy）是指企业通过努力来巩固及进一步发展与客户长期、稳定关系的动态过程和方法。其制定原则和影响因素如下：

（1）客户保持策略的制定原则

为了有效避免客户流失，提高客户的保持率，企业在制定客户保持策略时需要考虑以下几个方面的原则：

①可操作性。任何策略的制定都是从上而下的，涉及企业的每个层面，具体到各个部门甚至各个员工，这也就需要考虑到最终的执行环节，任何策略如果不具有可操作性，最终也将是纸上谈兵。

②可评估性。目前多数客户保持策略的推出都是为了应对短期市场变化的需要，而没有充分地考虑整体因素，这样的策略可能导致市场的震荡。因此，客户保持策略的事前、事中、事后评估对于策略的执行和调整都是必要的。

③时效性。当前新技术的发展促使时间与空间瓦解，致使市场变化迅速，因此企业必须采用实时控制策略，以满足控制客户流失的需求。如果，所采用的策略不能很快见到效果，不能及时地将客户推向有利于企业发展的方向，其客户保持策略就没有起到应有的作用。

④整体性。保持策略相互之间需要整体协调，避免出现相互重叠、矛盾的局面，故而对于策略的整体性需要进行全局考虑。

⑤针对性。影响客户流失的因素有很多，需要针对具体的市场情况进行分析，找到其中的主要因素，并根据其主要的影响因素，制定相对应的客户保持策略。

（2）客户保持策略的影响因素

在客户保持策略制定过程中，需要确定造成用户流失的因素有哪些，这些因素在多大程度上影响了用户的流失这两个宏观层面的问题，以及应当提出何种策略和挽留这些用户是否值得这两个执行层面的问题。

影响客户保持的因素有两大类，一类是企业不可控制的因素，如客户所处的社会、经济、自然、文化环境，以及客户的个性特征、心理因素、经济能力等方面；另一类是与产品和服务的价值有关的因素，如产品的价格、品质、售后服务等。所以 CRM 中客户保持的工作也分为两类：

第一类是对企业不可控因素的分析和把握。这方面的工作主要有收集客户基本资料、以往的交易记录、社会统计学资料，然后对流失客户和忠诚客户进行分析，提取出其中的规律性知识，分析流失客户有哪些特征，忠诚客户有哪些特征，以利于企业在营销中采取不同的策略。

第二类是对企业可控因素的改善，其目的是提高"企业—客户"价值，以便企业在市场竞争中获得优势，促使客户保持水平的提高。参照"企业—客户"价值模型中的要素以及巴诺斯提出的影响客户满意度的因素，企业可以从以下几个方面来提高客户保持水平：

①提高产品整体的价值。产品的整体价值包括产品核心层、产品形式层、产品附加层三个层次。产品核心层包括产品的主要效益和功能以及产品质量；产品的形式层包括品牌、包装、样式、特色；产品附加层是指信贷服务、品质保证、免费送货、售后维修等与产品相关的服务项目。要提高产品的整体价值，就要从这些方面入手，追求更好的品质和完善的服务，从而提高产品带给客户的效用。

②降低买方成本。企业只有降低买方成本，才能够在价格和客户评价上获得竞争优势，从而提高企业带给客户的价值。降低买方成本的方法有，降低生产成本、发货成本、安装费用等；降低产品的直接使用成本，如劳动力、燃料、维修、产品占用的空间等；降低与产品相关联的支出费用，例如安装费、调试费、购买必须配件费等；降低产品失败的风险由此预计失败的费用。

③建立完善的沟通渠道，及时提供客户最需要的服务。客户关系管理系统通过现代化的客户接触手段已经有了健全沟通渠道的可能。企业必须能够及时听到客户反馈的意见和建议，以及客户的独特需求，同时建立系统灵活的反应机制、管理机制，能够妥善处理客户意见，科学存储客户信息，并将客户的信息与企业的生产、营销、服务等工作联系起来。例如，根据客户的需求制定生产计划；根据客户群的特性制定专门的营销计划以利于保持其忠诚性；对客户提出的意见及时做出反馈并有专人负责处理等。

④信守承诺。企业应提高服务的及时性、准确性，减少服务延迟、信息阻塞等现象的发生，对客户做出的承诺以及预先订补的政策要坚定不移地贯彻实施。

⑤在客户与企业的互动中保持良好的情感交流。如前文所述，真正的客户关系应当是建立在信任、守信、交流和理解的基础上的，情感交流是客户关系深入发展的必然要求。随着客户保持时间的延长和客户关系的深入发展，情感因素会变得越来越重要，它是客户对企业忠诚的根本原因，

也是客户长期光顾和重复购买的决定性因素。所以企业必须在员工中建立起以关系为基础的营销观念，要求所有的员工注意做好营销的细节，传递给客户互相尊重、互相信任、友善的情感信息。

客户保持策略制定流程分为信息收集整理阶段、信息分析提出策略阶段、策略执行阶段、策略评估改进阶段。其中事前评估包括可控性分析、重要性分析和经济性分析三个方面，事前评估也是对市场策略的效果进行估计，以便推行更理性的策略，是目前工作中比较薄弱的环节。在策略实行之后也应当对策略进行事后评估，如果取得好的效果，应当继续保持，如果效果不好，则应当以后避免。目前事后评估的方法较多，如 DEA 评估法，有很多文章对此进行了详细的阐述，本书对此不进行过多的分析，而更关注于事前分析。

（3）基于客户细分的客户保持策略

客户是企业利润的源泉，因此，保持现有的客户源是企业获得利润的第一步，在此基础上仍有许多工作要做。单纯地追求客户忠诚的提高并不能指出企业应该抓住哪个客户、投资多少以及向哪里投资以吸引并保住客户，也不能指出如何对所有这些策略做出合理组合。在不知道机会成本或机会收益的情况下，企业无法确定应该努力追求产品质量到何种程度，应使客户达到何种程度的满意或应对客户保持怎样的忠诚。因此，企业应当将客户保持的手段与对企业核心客户的管理结合起来，在评价客户对企业的利润贡献度的基础上，重点关注核心客户的保持。

客户细分（customer segmentation）是根据客户属性划分的客户集合，是成功实施客户保持策略的基本原则之一。因为保持客户是要付出代价的，所以企业必须根据客户对企业利润贡献度的不同，决定如何在客户中分配公司有限的资源，设计和实施不同的客户保持策略。只有这样，企业才能够牢牢保持对公司最有价值的客户，并把那些有潜力的当前低价值客户在未来转化为高价值客户，而对那些不论是现在还是将来都对公司无利可图的客户避免付出过多的关注。只有这样，才能使企业的营销资源得到最佳利用。

对客户分类最常采用的方法是从客户当前和未来对公司利润的贡献度的角度出发，通过对客户的购买记录（如购买量、购买的产品类型结构、购买频率等）或客户的自身状况（如公司的规模、经营业绩、公司信誉等）等方面的分析来进行分类。这种客户价值细分是基于客户全生命周期利润的客户细分。广度的客户全生命周期利润是指公司在与某客户保持买卖关系的全过程中从该客户处获得的全部利润的现值，它可以分为两个部分，即客户到目前为止为企业带来的利润的总现值和客户在将来可能为企业带来的利润的总现值。在这里仅指狭义的客户全生命周期利润，即客户在将来可能为企业带来的利润的净现值。基于这种分类方法，可以将客户分为四种类型的客户。根据四类客户的特征，企业应该对其实施不同的保持策略。

Ⅰ类客户：该类客户的当前价值和增值潜力都很低，甚至是负利润，如延期支付甚至不付款的客户（高信用风险），这些客户是公司的负担，对于这一类客户，公司应当采取主动放弃的策略，不应采取更多的保持策略。

Ⅱ类客户：该类客户有很高的增值潜力，但公司目前尚没有成功地获取他们的大部分价值，有可能是因为在客户生命周期的初期，或者是因为企业之前没有投入足够多的关注。例如一个企业业务总量很大，但是本企业获得的客户份额却很低的客户。从客户生命周期来看，这类客户可能还处在考察期或形成期的前期。对这类客户公司应当投入适当的资源增进彼此的关系，促进客户关系从低级阶段向高级阶段发展，如通过不断向客户提供高质量的产品、有价值的信息、优质服务甚至个性化解决方案等，提高企业对客户的价值，让客户持续满意，并形成对公司的高度信任，从而促进"客户—企业"关系的进一步发展，谋得更大的客户增值潜力。

Ⅲ类客户：该类客户有很高的当前价值和低的增值潜力。这类客户有可能是处在客户关系稳定期中的忠诚客户，他们的大多数业务都交给了企业，对企业的服务非常满意，并且在外界为企业树立起了很好的口碑。虽然该类客户已经没有什么增值的潜力，但是这类客户对公司仍然十分重要，公司曾经为这一类客户付出了很大的保持成本，现在正是带给企业稳定收益的阶段，所以公司应该继续为他们提供优质服务，使他们始终深信企业是最好的供应商，从而保持这一类客户的稳定性。

Ⅳ类客户：这类客户既有很高的当前价值，又有很高的增值潜力，是企业最具价值的客户。从客户生命周期来看，这类客户可能处在形成期，也可能处在稳定期。这类客户本身具有巨大的发展潜力，在未来增量销售和交叉营销等方面有巨大的潜力可挖，是企业未来利润进一步增长的源泉所在。因此，企业应当将主要资源投资到发展和保持与这些客户的关系上，对每个客户设计和实施一对一的客户保持策略，例如主动与客户进行有效的沟通，真正了解他们的需求，安排得力的服务人员，提供优先解决问题、定制化服务、灵活的支付条件等优惠方案，使他们更加确信企业是市场上最好的供应商。只有使这类客户始终保持高度的满意，才能使客户与企业的关系更进一步，为企业未来带来更大的利润。

（4）客户保持策略的实施

客户保持策略的实施可以分为日常客户保持策略的实施与挽留性客户保持策略的实施。日常客户保持策略的实施是指企业针对客户分类群体实施的稳定性保持策略，其目的在于保持客户目前状态并促使其向更高价值的客户转换；挽留性保持策略是指企业针对有流失倾向的客户群体采取的保持策略，其目的是及时遏止客户向更低价值的客户转换，避免客户流失。基于客户行为变化的客户保持策略的基本原理是认为客户的流失行为是逐渐发生的，即认为客户在最终流失发生之前一段时间内的行为是逐渐改变的，如果在这一段时间内企业没有及时识别出客户的异常行为，潜在流失客户就会转变为真正的流失客户。由此可知，在制定了有针对性的客户保持策略后，企业不但要注重对各分类客户群体采取日常性的稳定保持策略，还要高度重视有流失倾向的客户群体，并对其及时实施挽留性保持策略。

在对客户进行有效价值评价后，企业应对不同的分类客户群体采取不同类型的日常客户保持策略；而挽留性客户保持策略的实施关键是及时发现客户的流失倾向，在客户流失之前实施保持策略改变客户行为模式，使其下一个周期进入期望的状态，这就需要企业建立客户行为跟踪系统。

针对四类分类客户群体，企业应对不同分类客户群体采取不同的日常客户保持策略。同时，企业应时刻关注客户的购买额、购买次数、平均购买间隔以及营销敏感度等行为价值指标，建立客户行为价值指标跟踪系统，一旦发现客户有流失行为倾向，就快速实施挽留性客户保持策略。

（5）客户保持策略的效果评价

在对不同分类客户群体采取相应的客户保持策略后，企业还应当设计一系列定量指标来考核客户保持策略的实施效果。在实施客户保持策略后，该企业应该从以下几个指标来及时评价客户保持效果：

①客户购买次数。考核期间内，客户与企业发生交易的次数越多，说明客户对企业的忠诚度越高，客户保持效果越好，反之则越低。同时，在衡量这个指标时，企业还应将其与该客户在前几个时间段的购买次数进行对比，从而更有效地衡量保持效果。

②客户需求满足率。该指标是指考核期间内，客户购买某商品的数量占其对该类产品或服务全部需求的比例，这个比例越高，表明客户的保持效果越好。这个指标需要通过对客户进行后期跟踪调查后分析得出。

③客户对本企业的关注程度。客户通过购买或非购买的方式，对企业商品或服务予以关注的次数、渠道和信息越多，则表明客户忠诚度和保持度越高。企业可以通过客户后期跟踪调查来了解客户对本企业产品的关注程度。

④客户对竞争产品或品牌的关注程度。如果客户对竞争商品或品牌的关注程度增高，多数是由于客户对竞争产品的偏好有所增加，这就表明客户保持效果不佳。

⑤客户的营销敏感度。消费者心理研究认为，客户购买商品的过程中，由于依赖程度存在差异，对营销的敏感度会有所不同。客户的营销敏感度越高，即若企业的某一类产品一出产，客户马上订购，则说明客户对企业的忠诚度越高，反之则说明客户的忠诚度较低，间接说明客户保持效果欠佳。

⑥客户对产品质量问题的承受能力。当客户对企业的忠诚度高时，对企业产品或服务可能出现的质量问题会以更加宽容和同情的态度对待，会尝试与企业合作解决问题，并且不会因为该问题而拒绝再次购买。反之，若客户忠诚度不高，则会对出现的质量问题非常反感，有可能从此不再购买企业产品。

因此，为了有效地提高客户保持率，企业不仅要制定有针对性的客户保持策略，选择恰当的保持策略实施时机，还应对客户保持策略进行效果评价，从而及时调整效果不佳的保持策略。

2.2 理论基础

2.2.1 整合型技术接受与使用理论

近年来，在网络用户呈爆炸式增长、计算机网络技术及配套服务日渐趋向成熟的大环境下，为使网络平台供给与网络平台受众需求更好地对接，从而促进电子商务经济与技术的进一步发展，国内外不同领域的学者就如何改进原有的用户技术接受模型（TAM）以更深入地研究影响消费者购买意愿的因素开展了大量研究工作。通过查询国内外相关领域的研究成果，笔者发现在研究消费者购买意愿的影响因素时，不少学者采用了整合型技术接受与使用理论（UTAUT）。UTAUT 是由 Venkatesh 等人于 2003 年基于 TAM 理论、动机模型、计算机利用模型、社会认知理论和创新扩散理论等重要理论模型提出的，具体如图 2-1 所示。

UTAUT 通过梳理不同领域的各种模型之后，总结出了影响用户对新技术的使用意愿及使用行为的潜变量：绩效期望、努力期望、社会影响、促成因素。在这里，前三个变量直接地影响使用意愿，最后一个变量直接地影响使用行为。同时，UTAUT 还增加了调节变量：性别、年龄、经验和自愿性。由相关实证研究结果得出：UTAUT 对使用行为的解释力高达 70%，比以往了解的任一研究模型都更有效，因此，使用 UTAUT 来检验用户对新系统或新技术的使用意愿，进而研究使用意愿对使用行为的影响是非常有效的。

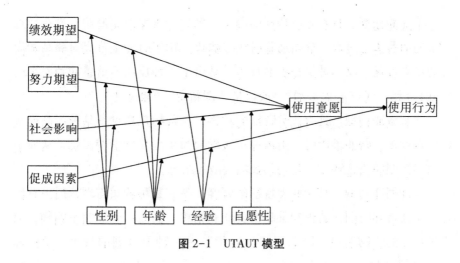

图 2-1 UTAUT 模型

2.2.2 冲动性购买行为理论

与计划性购买行为相反，冲动性购买行为（impulse buying）是一种自发的、无意识的非计划性购物行为，体现出了较为复杂的情感等因素。冲动性购物是一种具有较强突发性、强迫性、享乐性的复杂购买行为，在这种行为中，购物决策行为的快速性妨碍了消费者对各种信息和可替代的选择的思考。

（1）冲动性购买行为特征

冲动性购买行为特征，主要表现在：

①冲动性，是指突然涌现出来的一种强烈的购买欲望，而且必须马上付诸行动，这种行动和常规的购买行为不同。

②强制性，是指有一种强大的促动力驱使顾客马上采取行动，在某种程度上顾客一时失去了对自己的控制。

④情绪性，是指伴随购买行为的暴风骤雨般的情绪。

④不计后果性，是指购买的欲望是如此强烈和不可抵挡，以至于对购买行动的潜在不利后果很少或根本没有考虑。

（2）冲动性购买行为的类型

冲动性购买行为的类型主要分为纯冲动型、刺激冲动型以及计划冲动型等，具体而言：

①纯冲动型。具有此类特征的顾客，事先完全无购买愿望，没有经过正常的消费决策过程，突然地临时决定购买。购买时完全背离对商品和商标的正常选择，是一种突发性的行为，是出于心理反应或情感冲动而来的"一时兴起"或"心血来潮"，或仅是"图新奇""求变化"。

②刺激冲动型。具有此类特征的顾客，在购物现场见到某种产品或某些广告宣传、营业推广时，会被提示或激起尚未满足的消费需求，从而引起消费欲望而决定购买，是购物现场刺激的结果。

③计划冲动型。具有此类特征的顾客，是有某种购买需求，但没有确定购买地点和时间。若得知某超市要让利销售，而专门到该超市购物，但没有具体的购物清单，因而买"便宜货"是一种有计划的行为，买何种"便宜货"则是一种冲动的行为。

2.2.3 消费者效用理论

效用理论是微观经济学中一个重要的基础性理论，被广泛用于解释商品定价、投资组合构建等问题，是研究消费者如何分配在各种商品、劳务或者投资项目之间的投入，从而达到自身满足感最大化。考察消费者行为可以采用以基数效用论为基础的边际效用分析方法，或者以序数效用论为基础的无差异曲线分析。目前，现代西方经济学界常用的是无差异曲线分析。

商品需求来源于消费，所以消费者也常常被假定为以理性经济行为追求自身利益最大化的理性人。所谓的理性消费者经济行为主要表现为，在外在环境既定的条件下根据自身目标和有限资源做出最优选择。对于消费者而言，其效用函数也就决定了其在不同商品间所做出的选择，所有消费者对商品选择的全体也就构成了社会对商品的总需求；对于生产厂商而言，厂商也是根据自己的效用函数来决定对应商品的产量，所有厂商的总产量就构成了社会对该商品的总供给；当总供给等于总需求时，整个市场就处于一个均衡状态，此时这种商品的价格也就处于一个稳定状态。效用理论在金融资产定价等领域也具有重要价值与意义。

效用函数在微观经济学、金融资产定价等领域受到了广泛关注，使用也较为普遍，但是它还存在一定的争议，关键就在于效用函数很难在真实情况下被实际测量。于是效用函数后来就逐渐被偏好所替代。在一般经济均衡的讨论中，经济活动者的行为以效用函数最大化为目标，并在这个目标下进行决策。此时对于消费者而言，其效用函数就是所消费商品数量的函数，而对于生产者而言，效用函数是关于其生产计划的函数。在不确定性的一般经济均衡的讨论中，一种处理不确定性的方法就是假定商品量都是一个随机变量，也就是说它们的大小依赖于不确定的状态。虽然人们还是无法直接通过效用函数来决策，但是，此时人们可以利用效用函数的均值，也就是数学期望，来进行比较和选择。

在理性人的假设下，效用最大化是投资者和消费者的最终目标。根据决策的性质，我们将个体理解为消费者或投资者，这里的个体并不一定是单一个体，也可能是一个决策的团队或者主体。我们将个体面临的所有选择构成的集合称为选择集，以下将选择集记作 S，同时还要求这个选择集 S 是一个凸集，即若 $x_i \in S$（$1 \leqslant i \leqslant n$），则组合 $x = \sum_{i=1}^{n} \alpha_i x_i \in S$，其中：

$\alpha_i \geqslant 0$，$\sum_{i=1}^{n} \alpha_i = 1$。

为不失一般性，我们假定 S 是一个消费计划的集合。对于任意 $x, y \in S$，若 $x \geqslant y$，则意味着 x 优于 y。若 $x \geqslant y$ 且 $y \geqslant x$，则称 x, y 无差异，记为：$x \sim y$。若 $x \geqslant y$，且 $x \sim y$ 不成立，则称 x 严格优于 y，记为：$x > y$。

二元关系" $\geqslant$ "具有自反性、对称性、传递性、独立性等性质，也称这样的偏好关系" $\geqslant$ "为理性偏好关系。当然，在仅满足上述公理的选择集 S 上时，Debreu 指出可能会不存在效用函数。所谓的独立性公理是指，对于一个消费行为而言，在一个给定事件下的消费满意度并不取决于在另外一件事情发生时这个消费计划的状态。

定义 2.1：效用函数 $U: S \rightarrow \mathbb{R}$ 是满足下列条件的一个函数，如果 $x \geqslant y$，那么 $U(x) \geqslant U(y)$。

公理 2.1（阿基米德公理）：对任意的 $x, y, z \in S$，如果 $x > y > z$，那么存在 $\alpha, \beta \in (0, 1)$，使得：$\alpha x + (1 - \alpha) z > y > \beta x + (1 - \beta) z$。

公理 2.2（有界性公理）：存在 $x^*, y^* \in S$ 满足：对任意的 $z \in S$，$x^* \geqslant z \geqslant y^*$ 成立。

定理 2.1：如果选择集 S 上的偏好关系 $\geqslant$ 满足公理 1.6，则 S 上存在效用函数 $U: S \to \mathbb{R}$，满足：

（1）如果存在二元关系 $x > y$，那么有 $U(x) > U(y)$；

（2）如果存在二元关系 $x \sim y$，那么有 $U(x) = U(y)$。

由定义可知：如果 $H: \mathbb{R} \to \mathbb{R}$ 是严格单调增加函数，则 U 也是 S 上的效用函数；所以效用函数不能比较一个选择比另一个选择优多少，它仅仅给出了 S 上的序关系。

大多数使用效用函数讨论的问题都涉及效应函数的最大化，因此涉及效用函数的连续性与可导性。存在性定理不能保证效用函数更多的分析性质，下面给出与此相关的公理和结论。

公理 2.3（单调性公理）：对任意的 $x, y \in S$，如果存在二元关系 $x \geqslant y$，那么 $x \geqslant y$。

注：注意到 $S \subset \mathbb{R}^n$，因此 $x \geqslant y$ 是在 $\mathbb{R}^n$ 的自然序关系下的不等式，即 $x_i \geqslant y_i$，$1 \leqslant i \leqslant n$。公理 2.3 的意义是，增加选择 x 中任意一个分量 x_i 都将增加效用。

推论 2.1：如果存在二元关系 $x > y$，那么 $x > y$。

此推论也称为严格单调性公理。如果 S 上存在效用函数，那么公理 2.3 保证了效用函数的单调或严格单调性。

公理 2.4（局部非饱和公理）：对任意的 $x \in S$ 及任意的 $\varepsilon > 0$，存在 $y \in S$，使得 $\| y - x \| < \varepsilon$，且 $y > x$。

从直观上来看，局部非饱和公理保证了选择集 S 上的无差异集是不能形成一定区域的，也就是此无差异集是很小的。

公理 2.5（连续性公理）：对任意的 S 中的列 $(x_n)_{n \geqslant 1}$，$(y_n)_{n \geqslant 1}$，如果对任意的 n，$x_n \geqslant y_n$ 成立，且：则 $\lim_{n \to \infty} x_n = x$，$\lim_{n \to \infty} y_n = y$，$x \geqslant y$。

公理 2.5 是在 S 上自然的序关系 " $\geqslant$ " 和偏好关系 " $\geqslant$ " 之间建立了极限联系。

定理 2.2：如果选择集 S 上的偏好关系 " $\geqslant$ " 连续，那么存在 S 上连续的效用函数。

当 S 和 " $\geqslant$ " 满足公理 2.5 时，S 上的效用函数已经具备了一些基本的分析性质，但是否可微仍不能保证；直观上，效用函数的是否可微意味着 S 中的无差异集能否光滑地连接在一起。

2.2.4 Stackelberg 博弈模型

斯塔克尔伯格模型（Stackelberg）是由德国经济学家斯塔克尔伯格（H. Von Stackelberg）在 20 世纪 30 年代（1934 年）提出的一种产量领导模型。该模型反映了企业间不对称的竞争，是经济学与博弈论中的一种经典模型。该模型具有两个显著特点：模型中参与者地位不同，分为领导者和跟随者；模型中两者的决策次序是有先后的。以产量的决策为例，领头企业首先选择产量，尾随企业观测到领头企业的决策，然后选择自己的产量，所以 Stackelberg 博弈是一个完美信息动态博弈。

该模型的基本假定条件是，在一个寡头行业中有两个厂商，他们生产相同的产品，其中，一个寡头厂商是处于支配地位的领导者，另一个是寡头厂商的追随者；另外，与古诺模型一样，每个厂商的决策变量都是产量，即每个厂商都会选择自己的最优产量来实现利润最大化。

斯塔克尔伯格模型是一个产量领导模型，厂商之间存在着行动次序的区别。产量的决定依据以下次序：领导性厂商决定一个产量，然后跟随者厂商可以观察到这个产量，再根据领导性厂商的产量来决定他自己的产量。需要注意的是，领导性厂商在决定自己产量的时候，充分了解跟随者厂商会如何行动——这意味着领导性厂商可以知道跟随者厂商的反应函数。因此，领导性厂商自然会预期到自己决定的产量对跟随者厂商的影响。在考虑到这种影响的情况下，领导性厂商所决定的产量将是一个以跟随者厂商的反应函数为约束的利润最大化产量。在斯塔克尔伯格模型中，领导性厂商的决策不再需要自己的反应函数。

2.2.5 信息非对称理论

信息非对称理论是在 1970 年，由乔治·阿克罗夫（G. Akerlof），迈克尔·斯彭斯（M. Spence），约瑟夫·斯蒂格利茨（J. E. Stigliz）提出的，并且他们也因此获得了 2001 年度的诺贝尔经济学奖。

信息非对称理论是指，在市场经济条件下，任何市场上的交易双方都不可能具有完全信息，也就是不再享有对于交易方的所有信息，这种不对称现象也会导致信息拥有方为了增加自身效用，而损害另一方利益。在古典福利经济学模式下，假设所有经济人对所有经济变量具有相同的信息，也就是完全对称信息，此时所达到的竞争均衡或者瓦尔拉斯一般均衡都是符合帕累托最优的。事实上，在现实交易市场上，很难满足这种对称信息的条件。

信息非对称理论为研究市场经济、分析交易者行为提供了一个新的视角。一般而言，信息不对称现象存在于生活中的方方面面，在供应链管理中也是无处不在。在供应链中，供应商与零售商的信息非对称，零售商与消费市场的信息非对称，零售商与零售商之间的信息非对称，以及供应商与供应商之间的信息非对称，等等。

在现实经济活动背景下、在供应链管理过程中，供应商与零售商、零售商与消费市场之间都存在着一定的信息非对称现象，这与传统经济学理论中的交易双方都具有完全信息假设相矛盾。然而，这种矛盾也助推了现代经济理论的发展。

信息不对称问题经常会造成信息占有优势方的"道德风险"以及信息不占优势方的"逆向选择行为"。同时，在现实交易过程中，交易本质上就是根据所掌握的自身信息和对手信息进行的一种博弈，也是为了自身效用最大化的一种行为，这种行为的重要前提就是信息非对称。因此，信息非对称理论的研究和发展还在一定程度上促进了博弈论、信息经济学、行为经济学等学科的发展与实践。整体而言，信息非对称理论是对传统经济学的重大突破，也为现阶段我国继续深化体制机制改革提供了阻力。

3 基于 UTAUT 理论的生鲜产品网购意愿研究

3.1 引言

一般而言，消费者的网购产品常常是服装、电子、图书、数码等，而生鲜农产品的网购模式还有待进一步的探索和完善，这是因为生鲜农产品具有易腐坏、易破损、易变质、难标准化、高损耗、高包装成本等限制性条件。从 2005 年知名垂直型电商平台"易果网"的成立，到 2012 年自营电商平台的代表"本来生活"的成功营销赚足了大众的关注度。近年来，随着社区生鲜及"生鲜+便利店"复合业态的逐步兴起和快速发展，生鲜电商行业也正式步入快车道模式，竞争日渐激烈。然而，除了面临难以标准化、易破损和冷链物流体系不完善等基础问题外，现阶段的生鲜电商企业还要面临许多不利的运营问题，比如消费者购买体验差和线上购买渗透率低等，这些问题都是极容易被忽略，但是解决后却可以在短时期内迅速提高企业的利润率和竞争力。

目前，许多生鲜电商都面临亏损率过高等问题，部分学者从生鲜电商制度环境、物流配送路径优化、流通模式、定价方式和商业模式等方面进行了研究，并寻求解决措施。然而，这些研究大多是从产品的出售方角度进行研究的，鲜有从产品购买方角度考虑此问题。因此，本章将从产品购买方角度，在整合型技术接受与使用理论（UTAUT）的基础上，首先分析生鲜产品消费者网购意愿影响因素，并根据既往研究文献设计测度量表和收集数据；

其次，对数据进行信效度分析，并进行因子分析和相关性分析，从而提取关键因子；再次，利用 Logistic 回归分析实证研究各因子对消费者购买意愿的影响程度；最后，针对本部分研究结论，提出具有较高针对性的对策建议，为政府等相关部门制定生鲜电商发展政策提供决策依据。

3.2 模型构建与研究假设

3.2.1 模型构建

根据 Venkatesh 的研究，在利用 UTAUT 对技术采纳行为进行评估时，为了保持模型良好的解释能力，需根据研究对象的实际情况对变量进行筛选。因此，本章保留了 UTAUT 理论模型中既有的绩效期望、努力期望、社会影响三个潜变量，并根据生鲜产品和生鲜电商平台的特征，引入了感知风险、冲动性两个变量。由于本书是在消费者自愿网购生鲜产品的前提下进行的，UTAUT 模型中的自愿性不会影响变量之间的关系，因此本书剔除了原模型中自愿性这一调节变量。本章具体研究模型如图 3-1 所示。

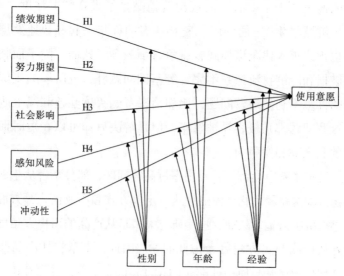

图 3-1　生鲜电商消费者购买意愿影响因素研究模型

3.2.2 研究假设

为重点研究五个潜在变量对消费者网购生鲜产品意愿的影响，本书不考虑性别、年龄和经验的调节作用。绩效期望是指消费者感知到生鲜电商的购物方式能为其提供有价值的服务，对其生活有帮助的程度。当消费者认为生鲜电商提供的产品和服务是有价值的，能够有效地提高其生活质量时，则会有较强的购买意愿。因此，本书给出以下假设：

假设 1：绩效期望对生鲜电商消费者的购买意愿有显著正向影响。

努力期望是指消费者感知到生鲜电商平台是否易用的程度。在其他条件相同或相近的情况下，当生鲜电商平台操作性较强且操作流程较为简单时，消费者会认为该平台易于使用，在此购物不会花费太多时间，则会有更强的购买意愿。故本书给出以下假设：

假设 2：努力期望对生鲜电商消费者的购买意愿有显著正向影响。

社会影响是指消费者在通过电商平台购买生鲜产品时，受到亲朋好友以及周围环境的影响程度。本书认为，大众传媒传播的相关信息会对消费者的购买意愿产生一定的影响。另外，当消费者的亲朋好友有过生鲜产品的网购经历，并对其有推荐行为或劝阻行为时，该消费者的购买意愿会受到显著的影响。故本书给出以下假设：

假设 3：社会影响对生鲜电商消费者的购买意愿有显著正向影响。

感知风险是指消费者产生的对网购生鲜产品的不确定性和不利后果的认知。由于网购本身具有虚拟性，消费者在网上购买生鲜产品时，仅能从卖家提供的产品图片、文字描述和买方评价等方面做出购买决策。一般来说，卖家会将产品更好的一面呈现给消费者，这使得消费者对产品的期望偏高，而当其收到产品时，便会产生不好的购物体验。由于如上的风险在生鲜产品网购时普遍存在，而当消费者意识到有诸多风险时，其购买意愿自然会变弱。故本书给出以下假设：

假设 4：感知风险对生鲜电商消费者的购买意愿有显著负向影响。

冲动性购买是指消费者在网上浏览生鲜产品时，由于受到了产品价格、产品品质、产品特征以及买家评价等外在刺激而激发其内心想要占有的欲望，然后不自觉地做出冲动的、不加思考的购买行为。网购不同于传统的线下购买方式，消费者看不到生鲜产品实物，获得的信息难免会与真实信息不符，这种信息的不对称往往会使消费者做出冲动性的购买。当消费者的冲动性越大时，其购买意愿也越强。故本书给出以下假设：

假设 5：冲动性对生鲜电商消费者的购买意愿有显著正向影响。

3.3 问卷设计与数据收集

3.3.1 问卷设计

本书主要采用问卷调查法对模型中的各变量进行测度检验。初始问卷基于以往文献中的测度量表设计而成。初始问卷成型后，结合电子商务研究专家的意见与预调查的问题反馈，对初始问卷进行了多次的修正与完善，以确保问卷的有效性和问题的客观性。

本次调查问卷由两个部分组成：一部分是调查对象的基本情况，包括学历、职业以及生鲜产品网购经验等信息；另一部分是调查问卷的基础问题，即对各潜变量分别设置不同的调查题项，并对各题项用 Likert 五级量表来进行测量。这里，将调查对象对潜变量各测度题项的态度分为"非常同意""同意""不确定""不同意"和"非常不同意"五个等级，调查对象需要从这五个选项中选出与自己情况最符合的选项。为使问卷能更全面且有效地测度各潜变量，各测度题项大多来自已有文献的成熟量表，调查问卷中各潜变量的测度题项、各题项的代码和题项的来源如表 3-1 所示。需要指出的是，本书把社会影响分为信息性影响和规范性影响两类，并对这两种分类分别设置题项，以便测度社会的影响。信息性影响是指把别人看做指导行为的信息来源时而产生的影响，规范性影响是指为得到别人的喜爱和接受而从众时所产生的影响。

表 3-1 调查问卷中的潜变量及测量变量

潜变量	代码	测量变量	问卷来源
绩效期望	PE1	通过生鲜电商平台能获得更多样的生鲜产品种类及商家的信息资源和服务	李一玫 孙会静 王睿 王琦萍
	PE2	网购生鲜产品时，我会关注生鲜产品是否纯天然无污染	
	PE3	网购生鲜产品时，我会关注生鲜产品的产地是否正宗	
	PE4	网购生鲜产品时，我会关注生鲜产品是否经有关部门检验合格	
	PE5	我认为在网上购买生鲜产品能提高自己的生活效率	
努力期望	EE1	生鲜电商平台能为我提供详细完整、精确可靠的商品信息	姜欢 张李义等
	EE2	生鲜电商网站结构清晰美观、操作简单	
	EE3	我可以在生鲜电商网站上很容易地找到需要的产品	
	EE4	生鲜电商网站发送给我的广告和促销活动适合我的情况	
	EE5	生鲜电商网站能够很快处理订单	
社会影响	SI1	当我的朋友向我推荐某生鲜电商平台时，很大程度上我会听从他们的建议	张正林等
	SI2	当我周围的人都在使用某种产品或服务时，很大程度上我也会使用该种产品或服务	
感知风险	PR1	我在网上购买的生鲜产品质量达到了预期效果	刘瑶 廖文亮
	PR2	我在网上购买的生鲜产品价格低于市场价格	
	PR3	我在网上购买的生鲜产品服务（售前、售中、售后服务）很完善	
	PR4	我在网上购买的生鲜产品外观与卖家的描述相符	
	PR5	生鲜电商商家物流服务较好	

表3-1（续）

潜变量	代码	测量变量	问卷来源
冲动性	IM1	产品图片的美观程度会导致我在网上购买生鲜产品时产生冲动性购物的意愿或行为	白雪玘
	IM2	产品介绍的详细程度会导致我在网上购买生鲜农产品时产生冲动性购物的意愿或行为	
	IM3	产品优惠活动（限时降价促销及赠送赠品）会导致我在网上购买生鲜农产品时产生冲动性购物的意愿或行为	
	IM4	卖家服务会导致我在网上购买生鲜农产品时产生冲动性购物的意愿或行为	

3.3.2 数据收集

本书通过使用专业的线上问卷调查平台"问卷星"来收集数据，同时考虑了商圈的地理位置和不同阶层的人群对数据收集的影响，以及同一家庭内不同成员填写问卷产生的趋同性的影响，并以四川、江苏、浙江、辽宁、河南等 13 个省和上海、北京、天津、重庆 4 个直辖市作为调研地点，因此，本问卷在一定程度上保证了数据的科学性、可靠性与客观性。本书的问卷通过 QQ、微信、淘宝和论坛等平台将问卷发送给合适的调查对象，共计发放调查问卷 239 份，剔除无效数据后，共得到有效问卷 212 份，问卷效率为 88.7%，问卷完成的总体情况较好。

3.4 生鲜产品网购意愿影响因素的实证分析

3.4.1 描述性统计分析

在对各题项变量进行统计分析之前，本书先分析了被调查者的基本情况，主要利用相关计量分析软件对收集到的 212 份有效问卷的样本基本情况进行描述性统计分析，具体结果如表 3-2 所示。

表 3-2 样本基本情况统计

描述指标	类别	频次	百分比（%）	累计百分比（%）
性别	男	70	33.0	33.0
	女	142	67.0	100.0
年龄	20 岁以下	66	31.1	31.1
	20~30 岁	132	62.3	93.4
	31~40 岁	9	4.2	97.6
	41~50 岁	4	1.9	99.5
	50 岁以上	1	0.5	100.0
学历	初中及以下	7	3.3	3.3
	高中（含职高）	9	4.2	7.5
	本科/大专	182	85.8	93.4
	硕士	11	5.2	98.6
	博士	3	1.4	100.0
职业	学生	175	82.5	82.5
	白领	10	4.7	87.3
	工人	7	3.3	90.6
	公务员	3	1.4	92.0
	老师	7	3.3	95.3
	其他	10	4.7	100.0
购买频率	一周一次及更少	203	95.8	95.8
	一周两次	6	2.8	98.6
	一周三次	1	0.5	99.1
	一周四次及更多	2	0.9	100.0

表3-2(续)

描述指标	类别	频次	百分比（%）	累计百分比（%）
网购过的生鲜有水果蔬菜	否	41	19.3	19.3
	是	171	80.7	100.0
网购过的产品类别是海鲜水产	否	185	87.3	87.3
	是	27	12.7	100.0
网购过的生鲜有鲜肉蛋禽	否	182	85.8	85.8
	是	30	14.2	100.0
网购过其他类别的生鲜产品	否	169	79.7	79.7
	是	43	20.3	100.0
因为物流快而网购此生鲜产品	否	95	44.8	44.8
	是	117	55.2	100.0
因为产品质量好而网购此生鲜产品	否	102	48.1	48.1
	是	110	51.9	100.0
因为客服服务态度好而网购此生鲜产品	否	157	74.1	74.1
	是	55	25.9	100.0
因为商家信誉好而网购此生鲜产品	否	143	67.5	67.5
	是	69	32.5	100.0
因为产品品牌而网购此生鲜产品	否	167	78.8	78.8
	是	45	21.2	100.0
因为其他原因而网购此生鲜产品	否	155	73.1	73.1
	是	57	26.9	100.0

从表3-2中可以明显看出：

第一，在2018年中国生鲜消费者中，男性用户占比为33%，女性用户占比 67%。本书共调查了 212 个有效的样本数量，其中包含 70 名男性和 142 名女性，男性和女性的占比分别约为 33% 和 67%，此数据基本符合前瞻产业研究院的调查结果。在生鲜产品的网购用户中，出现女性远高于男性的现象可能是由于女性更关注家庭日常消费品的使用情况，并对其进行采购。

第二，2018 年前瞻产业研究院的调查显示，中国生鲜消费者中，25 岁以下的生鲜消费者占比为 24.6%，25~34 岁的生鲜消费者占比为 47.62%。本次调研的样本中，20 岁以下的样本数共有 66 个，占比为 31.1%；20~30 岁的样本数最多，共计 132 个，占比为 62.3%；31~40 岁共计 9 个，占比为 4.2%；41~50 岁共计 4 个，占比为 1.9%；50 岁以上共计 1 个，占比为 0.5%。此数据与前瞻产业研究院的调查结果有所出入，这是因为本书的研究对象大多是大学生及其朋友家人，故 20 岁以下和 20~30 岁的样本数较多，但由于这两个年龄段的人的确是生鲜电商网购消费者的主力军，因此本书的样本仍然具有研究价值和研究意义。

第三，艾瑞网 2018 年生鲜电商数据调查显示，大学本科学历的生鲜网购用户占比为 66.4%，大学专科占比为 18.8%，硕士及博士占比 9.6%。本次研究样本中，初中及以下学历的样本数共计 7 个，占比为 3.3%；高中（含职高）的样本数共计 9 个，占比为 4.2%；本科或大专的样本数共计 182 个，占比为 85.8%；硕士的样本数共计 11 个，占比为 5.2%；博士及以上的样本数共计 3 个，占比为 1.4%。此数据基本符合艾瑞网的调查结果。可以看出，生鲜产品网购用户的学历普遍偏高，这可能是因为学历高的消费者对新技术和新商业模式的接受度更高，且更愿意尝试使用。

第四，由于本次的调研对象主要为大学生及其朋友、家人，故大学生的占比最大，为 82.5%，其次是白领和其他职业，均为 4.7%。这表明大学生对新事物的接受度更高，并且大学生拥有更多的时间去尝试新的购物方式。

第五，一周一次及更少的生鲜产品网购频率的用户有 203 人，占比为 95.8%；一周两次的生鲜产品网购频率的用户有 6 人，占比为 2.8%；一周三次的生鲜产品网购频率的用户有 1 人，占比为 0.5%；一周四次及更多的生鲜产品网购频率的用户有 2 人，占比为 0.9%。由此可以看出，网购生鲜产品的渗透率还不够，用户只是偶尔甚至几乎不在网上购买生鲜产品，生鲜产品网购消费者的习惯尚未培养起来。

第六，网购过的生鲜产品类别。本次调查中，消费者在网上购买过的生鲜产品占比最大的是果蔬，为80.7%，占比最少的是海鲜水产，为12.7%。这可能是由于果蔬类产品为日常刚需类产品，且价格相对海鲜水产较低，存放时间相对海鲜水产更长，因此，消费者网购果蔬类产品的感知风险偏低，消费者更愿意网购此类生鲜产品。

第七，购买的原因。本次调查中，55.2%的被调查对象因物流快而选择网购某生鲜产品，51.9%的被调查对象因产品质量好而选择网购某生鲜产品，32.5%的被调查对象因商家信誉好而选择网购某生鲜产品，26.9%的被调查对象因价格便宜、朋友推荐和可以买到当地没有的水果等其他原因而选择网购某生鲜产品，25.9%的被调查对象因客服服务态度好而选择网购某生鲜产品，21.2%的被调查对象因产品品牌而选择网购某生鲜产品。由此可以看出，网购生鲜产品的消费者更重视物流因素，这可能是因为物流的快慢会影响产品的新鲜度与口感。但对于消费者来说，产品质量依旧是影响购买决策的关键性变量，这使得消费者将其作为仅次于物流的第二考虑因素。

为分析数据的质量，并从全局出发掌握数据的整体分布形态，本书使用计量分析软件来计算各测度题项的均值、标准差和方差等数值，分析结果整理如表3-3所示。需要指出的是，表3-3的所有变量均采用Likert五级评分法，即被调查者的态度分为"非常不同意""不同意""一般""同意"和"非常同意"五种程度，且分别由1、2、3、4、5来表示。

表3-3　各变量的描述性统计

测量变量	样本总数	极小值	极大值	均值	标准差	方差
PE1	212	1	5	3.892	0.839	0.704
PE2	212	1	5	4.151	0.906	0.821
PE3	212	1	5	4.090	0.874	0.764
PE4	212	1	5	4.321	0.898	0.807
PE5	212	1	5	3.670	0.985	0.971

表3-3（续）

测量变量	样本总数	极小值	极大值	均值	标准差	方差
EE1	212	1	5	3.637	0.956	0.915
EE2	212	1	5	3.726	0.887	0.787
EE3	212	1	5	3.840	0.850	0.723
EE4	212	1	5	3.491	1.005	1.009
EE5	212	1	5	3.774	0.857	0.735
SI1	212	1	5	3.613	0.833	0.693
SI2	212	1	5	3.698	0.805	0.648
PR1	212	1	5	3.519	0.834	0.696
PR2	212	1	5	3.448	0.909	0.827
PR3	212	1	5	3.538	0.822	0.676
PR4	212	1	5	3.472	0.868	0.753
PR5	212	1	5	3.679	0.797	0.636
IM1	212	1	5	3.821	0.846	0.717
IM2	212	1	5	3.863	0.818	0.668
IM3	212	1	5	3.901	0.811	0.658
IM4	212	1	5	3.670	0.823	0.677

由表 3-3 可知，本调查的有效样本数为 212 个，各测量题项的极小值均为 1，极大值均为 5，这是由每个人对同一事物的看法不同所致，属于正常现象。各测量题项均值的最小值为 3.448，最大值为 4.321，由此可以看出分布较为均衡，且被调查者对各测量题项的态度有持中立到同意的倾向。各测量题项标准差的最小值为 0.797，最大值为 1.005，方差的最小值为 0.636，最大值为 1.009，由此可以看出离散程度不算大，样本的整体情况能被样本的均值较好地反映出来。

3.4.2　信度和效度分析

（1）信度分析

信度是指测验或者量表工具所测得的结果的稳定性和一致性，量表的信度越大，则其测量结果的标准误越小，常用的信度度量指标包括三类：稳定性、等值性和内部一致性。

稳定性是指在不同时间点，同一个被调查者填写的同一份调查量表的数据的差异性。考虑到线上收集问卷难以找到同一问卷填写人，并且问卷填写人大多不愿意多次填写同一份问卷，故一般的问卷调查难以进行重复调查，对稳定性的衡量也就变得困难，所以，本书不对问卷的稳定性进行判断。

等值性是指在同一时间，不同被调查者对同一份调查量表的各题项态度打分的差异性。从上文分析可知，各测量题项的方差范围为 $0.636 \sim 1.009$，由此可以看出，被调查者们对同一题项的态度打分差异性不大，故等值性较高。

内部一致性是指一个量表是否测量单一的概念。在这里，本书运用计量分析软件，采用在 Likert 量表分析中常用来测量量表的内部一致性的 Cronbach's Alpha 系数法来对数据做信度分析。α 系数判断标准如表 3-4 所示。

表 3-4　Cronbach's Alpha 系数判断标准

内部一致性信度系数值	层面或构念	整个量表
$\alpha < 0.50$	不理想，舍弃不用	非常不理想，舍弃不用
$0.50 \leqslant \alpha < 0.60$	可接受，增列题项或修改语句	不理想，重新编制或修订
$0.60 \leqslant \alpha < 0.70$	尚佳	勉强接受，最好增列题项或修改语句
$0.70 \leqslant \alpha < 0.80$	佳（信度高）	可以接受
$0.80 \leqslant \alpha < 0.90$	理想（甚佳，信度很高）	佳（信度高）
$\alpha \geqslant 0.90$	非常理想（信度非常好）	非常理想（甚佳，信度很高）

本书对收集到的数据使用 SPSS 软件进行信度分析，得到所有题项变量的 α 系数值为 0.944。这表示通过整个量表收集到的数据是非常理想的，可信度很高。本书在对各量表做信度检验时，还采用了校正的项总计相关性（CITC）指标来过滤各测量题项，以保证各量表的结构变量更合理，便于下文进行因子分析。使用 CITC 来剔除题项的标准主要有两个，并且只

有当两个条件同时成立，才能对题项进行剔除：①CITC 值小于 0.3，②删除该题项可以增加 Cronbach's Alpha 的值，即可提升整体的信度。各测度题项的信度分析结果如表 3-5 所示。

表 3-5　信度分析

潜变量	测量题项	校正的项总计相关性	删除该项的 Cronbach's Alpha 值	Cronbach's Alpha 值
绩效期望（PE）	PE1	0.563	0.834	
	PE2	0.733	0.788	
	PE3	0.721	0.793	0.844
	PE4	0.717	0.793	
	PE5	0.533	0.846	
努力期望（EE）	EE1	0.733	0.88	
	EE2	0.762	0.873	
	EE3	0.766	0.873	0.898
	EE4	0.756	0.876	
	EE5	0.737	0.879	
社会影响（SI）	SI1	0.737	.ᵃ	0.848
	SI2	0.737	.ᵃ	
感知风险（PR）	PR1	0.799	0.886	
	PR2	0.707	0.907	
	PR3	0.792	0.888	0.911
	PR4	0.816	0.882	
	PR5	0.766	0.893	
冲动性（IM）	IM1	0.756	0.814	
	IM2	0.721	0.828	
	IM3	0.737	0.822	0.867
	IM4	0.655	0.854	

a. 由于项之间的平均协方差是负的，该值为负。

由表3-5可以看出，CITC的最小值为0.533，大于0.3，因此无需要剔除的题项。删除任何一题后对总项的Cronbach's Alpha值没有明显的增加。各潜变量的Cronbach's Alpha值最小为0.844，因此每个构面都很理想，且具有很高的信度。

（2）效度分析

效度包括内容效度、效标关联效度和结构效度，其中，内容效度又称表面效度，主要指测量工具是否涵盖了它所需要测量的观念的所有内容；效标关联效度是指测验与外在效标间关系的程度；结构效度是指能够测量出理论的特质或概念的程度。

本书的测度题项大多来自已有文献的成熟量表，同时根据本书研究特点进行了适当调整，整体而言本书的量表具有良好的内容效度。由于测度的题项不具有外在效标，故本书也不考虑效标关联效度。

结构效度可分为收敛效度与区别效度，它们可从进行方差最大化旋转后的因子载荷矩阵中观察出各自的大小。要得到因子载荷矩阵势必要做因子分析，而在做探索性因子分析之前，本书通过对数据进行KMO检验和巴特利特球度检验，来判断得到的样本数据是否适合做因子分析。其中，Kaiser给出的KMO度量标准为：0.9以上表示非常适合，0.8表示适合，0.7表示一般，0.6表示不太适合，0.5以下表示极不适合。量表的KMO和巴特利特球度检验结果如表3-6所示。

表3-6 量表的KMO和巴特利特球度检验表

潜变量	KMO值	Bartlett球形检验的近似卡方值	Bartlett球形检验的显著性水平
PE	0.822	466.193	0.000
EE	0.846	629.732	0.000
SI	0.500	164.293	0.000
PR	0.884	694.610	0.000
IM	0.823	397.263	0.000
整体数据	0.926	3 078.451	0.000

从表3-6中可以看出，整体数据的KMO测度值为0.926，巴特利特球

度检验的近似卡方值为 3 078.451，且其对应的概率为 0.000，因此拒绝原假设，而认为相关系数矩阵不是单位阵，即各测量题项变量之间存在较强的相关性。各潜变量的 KMO 值均大于或等于 0.5，且几乎都集中在 0.8 以上，巴特利特球度检验的显著性水平均为 0.000。由此可知，在显著性水平 a 为 0.01 的情况下，本书的数据非常适合进行因子分析。因子载荷矩阵如表 3-7 所示。

表 3-7　旋转后的因子载荷矩阵

题项	成分（因子）				
	1	2	3	4	5
PR4	**0.776**	0.236	0.285	0.143	0.180
PR2	**0.773**	0.223	0.119	0.029	0.186
PR3	**0.759**	0.379	0.250	0.055	0.082
PR1	**0.710**	0.297	0.199	0.230	0.318
PR5	**0.696**	0.279	0.240	0.152	0.263
EE3	0.205	**0.742**	0.216	0.270	0.197
EE1	0.364	**0.741**	0.109	0.203	0.038
EE4	0.291	**0.714**	0.193	0.155	0.242
EE2	0.344	**0.701**	0.207	0.299	0.058
EE5	0.275	**0.662**	0.256	0.143	0.345
IM3	0.216	0.129	**0.798**	0.186	0.124
IM2	0.197	0.158	**0.794**	0.088	0.198
IM1	0.191	0.214	**0.760**	0.141	0.286
IM4	0.206	0.217	**0.689**	0.279	0.066
PE2	0.003	0.166	0.197	**0.860**	0.071
PE4	0.158	0.170	0.097	**0.851**	0.003
PE3	0.094	0.187	0.200	**0.815**	0.098
PE1	0.210	0.344	0.089	0.477	**0.430**

表3-7(续)

题项	成分（因子）				
	1	2	3	4	5
PE5	0.186	0.352	0.165	0.427	**0.380**
SI2	0.322	0.178	0.341	0.002	**0.746**
SI1	0.331	0.221	0.273	0.157	**0.745**

提取方法：主成分分析法。

旋转法：具有 Kaiser 标准化的正交旋转法。旋转在 6 次迭代后收敛。

Hair 提出的最小因子载荷标准为：若因子载荷大于 0.3 则为显著，若因子载荷大于 0.4 则为较显著，若因子载荷大于 0.5 则为非常显著。由表 3-7 可以看出，在样本的大小为 212 时，各因子载荷值均大于 0.4。由此可以得出，量表具有较好的收敛效度。再者，每一题项所对应的各个解释因子均只有一个因子大于 0.4，由此可以得出，测量量表具有较好的区别效度。

3.4.3 数据分析

本书综合利用主成分分析法与方差极大法对 21 个测度项进行因子分析，降低变量维度。具体步骤为：先考察原有题项变量是否适合进行因子分析，然后进行因子提取，再进行因子的命名解释，最后计算因子得分。

（1）考察题项变量是否适合进行因子分析

由于进行因子分析的前提是题项变量之间具有相关性，这样才能将多个变量在经过一系列的转换和计算后由一个因子来表示，以此来达到减少自变量的个数，方便计算的目的。考察题项变量是否适合进行因子分析的方法有多种：计算相关系数矩阵、巴特利特球度检验、KMO 检验、计算反映像相关矩阵等，这里，本书借助前三种方法（见表 3-8）来进行分析。

表 3-8 原有题项变量的相关系数矩阵

	PE1	PE2	PE3	PE4	PE5	EE1	EE2	EE3	EE4	EE5
PE1	1.000	0.458	0.414	0.474	0.490	0.465	0.476	0.534	0.440	0.486
PE2	0.458	1.000	0.731	0.692	0.428	0.326	0.405	0.413	0.356	0.307
PE3	0.414	0.731	1.000	0.687	0.436	0.345	0.435	0.459	0.381	0.394
PE4	0.474	0.692	0.687	1.000	0.415	0.374	0.456	0.397	0.313	0.341
PE5	0.490	0.428	0.436	0.415	1.000	0.450	0.492	0.496	0.437	0.455
EE1	0.465	0.326	0.345	0.374	0.450	1.000	0.703	0.592	0.665	0.552
EE2	0.476	0.405	0.435	0.456	0.492	0.703	1.000	0.689	0.593	0.622
EE3	0.534	0.413	0.459	0.397	0.496	0.592	0.689	1.000	0.653	0.685
EE4	0.440	0.356	0.381	0.313	0.437	0.665	0.593	0.653	1.000	0.674
EE5	0.486	0.307	0.394	0.341	0.455	0.552	0.622	0.685	0.674	1.000
SI1	0.496	0.298	0.334	0.281	0.427	0.424	0.446	0.461	0.534	0.560
SI2	0.372	0.173	0.241	0.161	0.412	0.356	0.395	0.407	0.459	0.525
PR1	0.514	0.297	0.384	0.346	0.492	0.582	0.570	0.512	0.588	0.576
PR2	0.331	0.107	0.194	0.189	0.346	0.433	0.499	0.437	0.495	0.416
PR3	0.367	0.164	0.256	0.285	0.378	0.605	0.553	0.510	0.534	0.597
PR4	0.429	0.259	0.294	0.285	0.405	0.499	0.501	0.514	0.538	0.539
PR5	0.465	0.264	0.320	0.290	0.425	0.480	0.559	0.511	0.493	0.600
IM1	0.393	0.314	0.348	0.275	0.406	0.358	0.458	0.454	0.416	0.479
IM2	0.303	0.252	0.322	0.234	0.355	0.288	0.347	0.452	0.359	0.456
IM3	0.325	0.362	0.353	0.278	0.332	0.356	0.397	0.334	0.391	0.417
IM4	0.408	0.391	0.364	0.356	0.408	0.353	0.453	0.412	0.432	0.404
PE1	0.496	0.372	0.514	0.331	0.367	0.429	0.465	0.393	0.303	0.325	0.408
PE2	0.298	0.173	0.297	0.107	0.164	0.259	0.264	0.314	0.252	0.362	0.391
PE3	0.334	0.241	0.384	0.194	0.256	0.294	0.320	0.348	0.322	0.353	0.364
PE4	0.281	0.161	0.346	0.189	0.285	0.285	0.290	0.275	0.234	0.278	0.356
PE5	0.427	0.412	0.492	0.346	0.378	0.405	0.425	0.406	0.355	0.332	0.408
EE1	0.424	0.356	0.582	0.433	0.605	0.499	0.480	0.358	0.288	0.356	0.353
EE2	0.446	0.395	0.570	0.499	0.553	0.501	0.559	0.458	0.347	0.397	0.453

表3-8(续)

	PE1	PE2	PE3	PE4	PE5	EE1	EE2	EE3	EE4	EE5
EE3	0.461	0.407	0.512	0.437	0.510	0.514	0.511	0.454	0.452	0.334	0.412
EE4	0.534	0.459	0.588	0.495	0.534	0.538	0.493	0.416	0.359	0.391	0.432
EE5	0.560	0.525	0.576	0.416	0.597	0.539	0.600	0.479	0.456	0.417	0.404
SI1	1.000	0.737	0.624	0.474	0.478	0.562	0.512	0.520	0.465	0.476	0.394
SI2	0.737	1.000	0.545	0.464	0.497	0.483	0.557	0.546	0.470	0.447	0.414
PR1	0.624	0.545	1.000	0.660	0.683	0.747	0.671	0.481	0.424	0.440	0.451
PR2	0.474	0.464	0.660	1.000	0.595	0.650	0.591	0.345	0.344	0.317	0.338
PR3	0.478	0.497	0.683	0.595	1.000	0.739	0.734	0.439	0.413	0.435	0.411
PR4	0.562	0.483	0.747	0.650	0.739	1.000	0.679	0.471	0.492	0.437	0.458
PR5	0.512	0.557	0.671	0.591	0.734	0.679	1.000	0.511	0.427	0.434	0.372
IM1	0.520	0.546	0.481	0.345	0.439	0.471	0.511	1.000	0.683	0.657	0.595
IM2	0.465	0.470	0.424	0.344	0.413	0.492	0.427	0.683	1.000	0.644	0.538
IM3	0.476	0.447	0.440	0.317	0.435	0.437	0.434	0.657	0.644	1.000	0.597
IM4	0.394	0.414	0.451	0.338	0.411	0.458	0.372	0.595	0.538	0.597	1.000

由表3-8可知，原有题项变量的相关系数大部分都大于0.3，即变量之间存在相关性。由表3-6可知，KMO测度值为0.926，意味着变量间的相关性很强。巴特利特球度检验的近似卡方值为3 078.451，且其对应的概率为0.000，故可认为变量的相关系数矩阵不是单位阵，即变量之间存在较强的相关性。综上所述，题项变量之间存在较强的相关性，适合进行因子分析。

（2）提取因子

利用主成分分析法得到5个关键因子，也得到原有题项变量总方差（见表3-9）、因子载荷矩阵（见表3-10）。

表 3-9 解释的总方差

成分	初始特征值			提取平方和载入			旋转平方和载入		
	合计	方差的%	累积%	合计	方差的%	累积%	合计	方差的%	累积%
1	10.106	48.123	48.123	10.106	48.123	48.123	3.707	17.655	17.655
2	2.046	9.743	57.866	2.046	9.743	57.866	3.502	16.676	34.331
3	1.526	7.267	65.133	1.526	7.267	65.133	3.093	14.727	49.058
4	0.884	4.208	69.341	0.884	4.208	69.341	3.050	14.523	63.581
5	0.851	4.053	73.393	0.851	4.053	73.393	2.061	9.812	73.393
6	0.629	2.997	76.390	—	—	—	—	—	—
7	0.569	2.707	79.097	—	—	—	—	—	—
8	0.537	2.558	81.655	—	—	—	—	—	—
9	0.504	2.400	84.055	—	—	—	—	—	—
10	0.439	2.092	86.147	—	—	—	—	—	—
11	0.422	2.012	88.158	—	—	—	—	—	—
12	0.366	1.744	89.902	—	—	—	—	—	—
13	0.322	1.535	91.437	—	—	—	—	—	—
14	0.300	1.430	92.866	—	—	—	—	—	—
15	0.291	1.386	94.253	—	—	—	—	—	—
16	0.271	1.289	95.541	—	—	—	—	—	—
17	0.225	1.073	96.614	—	—	—	—	—	—
18	0.195	0.929	97.543	—	—	—	—	—	—
19	0.191	0.910	98.453	—	—	—	—	—	—
20	0.173	0.824	99.277	—	—	—	—	—	—
21	0.152	0.723	100.000	—	—	—	—	—	—

提取方法：主成分分析法。

由表 3-9 可以看出，在初始解中，由于提取了 21 个因子，所以原有题项变量的总方差均被解释，其累计方差贡献率为 100%。在指定提取 5

个因子后，第一个因子的方差贡献为 10. 106，解释了原有 21 个变量总方差的 48. 123%，累计方差贡献率为 48. 123%；第二个因子的方差贡献为 2. 046，解释了原有 21 个变量总方差的 9. 743%，累计方差贡献率为 57. 866%；其他因子的解释依此类推。对 5 个因子进行方差极大法旋转后，除了总的累计方差贡献率外，各因子的方差贡献、方差贡献率和累计方差贡献率均发生了变化，这意味着，在增加了因子解释力的同时，没有改变对原有题项变量的信息解释程度。此外，本次提取的 5 个因子解释了原有变量总方差达到 73. 393%，原有变量的信息丢失较少，因子分析效果较为理想。

从表 3-10 中可以看出，21 个变量在第一个因子上的载荷值都很高，说明它们与第一个因子的相关性最大，相对而言，它们在第二、三、四、五个因子上的载荷值都比较低，并且这 5 个因子的实际含义比较模糊，不能很好地对其进行解释。

表 3-10 因子载荷矩阵

	成分				
	1	2	3	4	5
PR1	0. 810	−0. 203	−0. 144	0. 254	0. 050
EE5	0. 775	−0. 064	−0. 137	−0. 264	−0. 163
PR4	0. 770	−0. 291	−0. 080	0. 245	0. 220
EE2	0. 767	0. 095	−0. 264	−0. 258	0. 110
PR5	0. 763	−0. 256	−0. 103	0. 209	0. 101
EE3	0. 758	0. 111	−0. 215	−0. 337	−0. 070
PR3	0. 752	−0. 332	−0. 182	0. 091	0. 274
EE4	0. 750	−0. 036	−0. 234	−0. 297	−0. 086
SI1	0. 729	−0. 170	0. 126	0. 172	−0. 454
EE1	0. 711	0. 014	−0. 368	−0. 289	0. 102
IM1	0. 698	−0. 064	0. 503	−0. 131	0. 016
SI2	0. 673	−0. 305	0. 211	0. 127	−0. 447

表3-10(续)

| | 成分 | | | | |
	1	2	3	4	5
PE1	0.659	0.236	−0.108	0.107	−0.265
IM4	0.650	0.092	0.401	−0.112	0.204
PR2	0.648	−0.378	−0.203	0.257	0.164
PE5	0.647	0.209	−0.049	0.041	−0.215
IM3	0.644	−0.014	0.541	−0.091	0.187
IM2	0.636	−0.101	0.545	−0.137	0.105
PE2	0.523	0.715	0.054	0.149	0.028
PE4	0.535	0.652	−0.084	0.230	0.123
PE3	0.576	0.628	0.026	0.169	0.038

提取方法：主成分分析法。已提取了 5 个成分。

图 3-2 是碎石图结果，其中横坐标是成分数，纵坐标是特征值。根据碎石图的分析结果可知，第一个因子的特征值（即方差贡献）很高，对题项变量的信息解释程度最高，而第 5 个因子后的因子对题项变量的信息解释程度非常小，是可以被忽略的"碎石"，所以，提取 5 个因子具有较好的合理性。

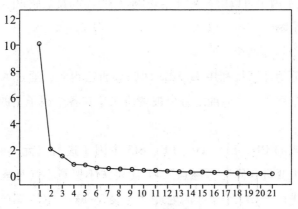

图 3-2　碎石图

（3）因子的命名解释

本书利用正交旋转方式中的方差极大法旋转 5 个因子，以便可以保证旋转后新生成因子间的不相关。具体结果见表 3-11。

表 3-11　因子协方差矩阵

成分	1	2	3	4	5
1	1.000	0.000	0.000	0.000	0.000
2	0.000	1.000	0.000	0.000	0.000
3	0.000	0.000	1.000	0.000	0.000
4	0.000	0.000	0.000	1.000	0.000
5	0.000	0.000	0.000	0.000	1.000

提取方法：主成分分析法。

旋转法：具有 Kaiser 标准化的正交旋转法。构成得分。

由表 3-11 中所列的因子协方差矩阵可以看出，这 5 个因子之间都不存在线性相关，达到了因子分析的目标。同时，结合上文表 3-7 可以看出，PR1、PR2、PR3、PR4、PR5 这 5 个题项变量在第一个因子上的载荷值最高，第一个因子也主要解释了这 5 个题项变量，故它可以解释为感知风险（PR），以此类推，可以得出第二个因子可以解释为努力期望（EE），第三个因子可以解释为冲动性（IM），第四个因子可以解释为绩效期望（PE），第五个因子可以解释为社会影响（SI）。与旋转前相比，这些因子的含义都更清晰。

（4）计算因子得分

因子得分的计算将利用 Logistic 回归分析法得到，通过回归分析方法估计因子得分系数，从而确定每个被调研对象在各个因子上的得分。具体如下所示：

将新生成的 PR、EE、IM、PE、SI5 个因子进行二元 Logistic 回归分析，并设置因变量 0 代表"愿意"，1 代表"不愿意"（见表 3-12）。同时，本书共进行了 212 个个案的处理（见表 3-13），各个案的购买分类情况如表 3-14 所示。

表 3-12　因变量编码

初始值	内部值
愿意	0
不愿意	1

表 3-13　个案处理摘要

未加权的案例		N	百分比
选定案例	包括在分析中	212	100.0
	缺失案例	0	0.0
	总计	212	100.0
未选定的案例		0	0.0
总计		212	100.0

表 3-14　分类表

已观测		已预测		
		Purchase_ Intention		百分比校正（%）
		愿意	不愿意	
步骤 0	Purchase_ Intention　愿意	157	0	100.0
	不愿意	55	0	0.0
总计百分比（%）				74.1

由表 3-14 可以看出，在 212 个个案中，有 157 个个案愿意网购生鲜产品，有 55 个个案不愿意，愿意购买的概率为 74.1%。

下面将对回归方程的显著性检验（见表 3-15）、回归模型的拟合度（见表 3-16）、回归模型的适配度（见表 3-17）和回归系数的显著性（见表 3-18）进行检验。

表 3-15　回归方程的显著性检验（卡方检验）

		卡方	df	Sig.
步骤 1	步骤	27.478	1	0.000
	块	27.478	1	0.000
	模型	27.478	1	0.000
步骤 2	步骤	26.955	1	0.000
	块	54.433	2	0.000
	模型	54.433	2	0.000
步骤 3	步骤	31.374	1	0.000
	块	85.807	3	0.000
	模型	85.807	3	0.000
步骤 4	步骤	21.413	1	0.000
	块	107.220	4	0.000
	模型	107.220	4	0.000
步骤 5	步骤	15.193	1	0.000
	块	122.414	5	0.000
	模型	122.414	5	0.000

由表 3-15 可知，模型在进行了五次迭代后终止。经 Excel 计算可知，在显著性水平为 0.01，自由度为 5 的情况下，卡方的临界值为 15.086。而本模型中迭代后的最终卡方值为 122.414，这远大于临界值。同时，所有的卡方值对应的概率都为 0，并且随着迭代次数的增加，卡方值逐渐变大，这说明模型越来越显著，拒绝模型中所有回归系数同时与 0 无显著差异的假设，即解释变量全体和被解释变量之间存在显著的指数关系。由此可以看出，本书模型的选择是有效且合理的。

表 3-16　模型的拟合度检验

步骤	-2 对数似然值	Cox & Snell R 方	Nagelkerke R 方
1	215.247[a]	0.122	0.178
2	188.292[a]	0.226	0.332

表3-16(续)

步骤	-2 对数似然值	Cox & Snell R 方	Nagelkerke R 方
3	156.917[b]	0.333	0.488
4	135.504[c]	0.397	0.582
5	120.311[c]	0.439	0.643

a. 因为参数估计的更改范围小于0.001，所以估计在迭代次数5处终止。

b. 因为参数估计的更改范围小于0.001，所以估计在迭代次数6处终止。

c. 因为参数估计的更改范围小于0.001，所以估计在迭代次数7处终止。

由表 3-16 可以看出，最大似然对数值（即-2 对数似然值）服从卡方分布，根据上文给出的卡方临界值可得出，最大似然对数值始终大于卡方临界值，同时，在迭代过程中，最大似然对数值在不断减小。由于最大似然对数值越小，表示回归方程的概似值越接近于 1，回归模型的适配度越高。所以，此回归方程的适配度在迭代过程中越来越高。

在五次迭代后，模型的 Cox & Snell R 方和 Nagelkerke R 方也达到最大值 0.439 和 0.643，即 43.9%和 64.3%，拟合优度良好。

表 3-17　模型的适配度检验（HL 检验）

步骤	卡方	df	Sig.
1	7.538	8	0.480
2	16.032	8	0.042
3	18.676	8	0.017
4	11.243	8	0.188
5	10.576	8	0.227

由表 3-17 可以看出，经过五次迭代后，HL 的检验统计量（0.227）大于显著性水平 0.01，即 HL 统计量未达到显著水平。同时，在表 3-15 中，经五次迭代后的卡方检验统计量达到了显著性水平。综上所述，整体模型的适配度较佳。

表 3-18　回归系数的显著性检验

		B	S. E.	Wals	df	Sig.	Exp（B）
步骤 1[a]	EE	-0.947	0.203	21.869	1	0.000	0.388
	常量	-1.235	0.182	46.155	1	0.000	0.291
步骤 2[b]	EE	-1.185	0.239	24.547	1	0.000	0.306
	PE	-0.961	0.215	19.980	1	0.000	0.383
	常量	-1.398	0.206	46.103	1	0.000	0.247
步骤 3[c]	PR	1.357	0.281	23.271	1	0.000	3.885
	EE	-1.354	0.263	26.437	1	0.000	0.258
	PE	-1.241	0.250	24.656	1	0.000	0.289
	常量	-1.751	0.263	44.309	1	0.000	0.174
步骤 4[d]	PR	1.802	0.348	26.789	1	0.000	6.062
	EE	-1.685	0.320	27.751	1	0.000	0.185
	IM	-1.105	0.255	18.722	1	0.000	0.331
	PE	-1.472	0.286	26.434	1	0.000	0.229
	常量	-2.196	0.347	39.959	1	0.000	0.111
步骤 5[e]	PR	2.402	0.459	27.372	1	0.000	11.045
	EE	-2.223	0.426	27.288	1	0.000	0.108
	IM	-1.391	0.297	21.919	1	0.000	0.249
	PE	-1.794	0.331	29.357	1	0.000	0.166
	SI	-1.085	0.305	12.689	1	0.000	0.338
	常量	-2.662	0.431	38.094	1	0.000	0.070

a. 在步骤 1 中输入的变量：EE；b. 在步骤 2 中输入的变量：PE；c. 在步骤 3 中输入的变量：PR；d. 在步骤 4 中输入的变量：IM；e. 在步骤 5 中输入的变量：SI。

由表 3-18 可以看出，经过五次迭代后 PR、EE、IM、PE、SI 均被纳入方程，且它们的变量即为 B，标准误为 S. E.，Wald 统计量为 Wals。由于 Wald 统计量的显著性水平均为 0.000，故拒绝回归模型中各变量系数分别与零无显著差异的原假设，而认为各自变量与因变量之间存在着显著的指数关系。同时，由步骤 5 中各变量的 B，可整理得出 Logistic 回归模型为：

$$\ln\left(\frac{P}{1-P}\right) = -2.662 + 2.402PR - 2.223EE - 1.391IM - 1.794PE - 1.085SI$$

$$(3-1)$$

将（3-1）式变换可得网购生鲜产品的概率为：

$$P = (1 + e^{-2.662+2.402PR-2.223EE-1.391IM-1.794PE-1.085SI})^{-1} \qquad (3-2)$$

此外，此模型对原有数据的预测成功率为 87.3%（见表 3-19）。

表 3-19 分类表[a]

已观测			已预测		
			Purchase_ Intention		百分比校正
			愿意	不愿意	
步骤 1	Purchase_ Intention	愿意	148	9	94.3
		不愿意	43	12	21.8
	总计百分比				75.5
步骤 2	Purchase_ Intention	愿意	149	8	94.9
		不愿意	28	27	49.1
	总计百分比				83.0
步骤 3	Purchase_ Intention	愿意	147	10	93.6
		不愿意	18	37	67.3
	总计百分比				86.8
步骤 4	Purchase_ Intention	愿意	146	11	93.0
		不愿意	19	36	65.5
	总计百分比				85.8
步骤 5	Purchase_ Intention	愿意	148	9	94.3
		不愿意	18	37	67.3
	总计百分比				87.3

a. 切割值为 0.500

由表 3-19 可以看出，随着迭代次数的增加，模型预测的准确度也不断在提高，最终对这批数据的预测成功率达到87.3%，说明构建的模型比较成功。

3.4.4 假设检验结果

根据上文研究结果可知，在本书中的变量 PR 与因变量成正比关系，变量 EE、IM、PE、SI 均与因变量成反比关系；变量感知风险与购买意愿成反比；变量努力期望、冲动性、绩效期望、社会影响均与购买意愿成正比；这5个变量对因变量的影响大小为：感知风险>努力期望>绩效期望>冲动性>社会影响。因此接受假设 H1、H2、H3、H5，拒绝假设 H4。各假设验证结果如表 3-20 所示。

表 3-20 假设验证结果表

假设编号	研究假设	验证结果
H1	绩效期望对生鲜电商消费者的购买意愿有显著正向影响	成立
H2	努力期望对生鲜电商消费者的购买意愿有显著正向影响	成立
H3	社会影响对生鲜电商消费者的购买意愿有显著正向影响	成立
H4	感知风险对生鲜电商消费者的购买意愿有显著负向影响	不成立
H5	冲动性对生鲜电商消费者的购买意愿有显著正向影响	成立

3.5 本章小结

本书以 UTAUT 为理论基础，引入感知风险和冲动性关键因素，利用 Logistic 模型实证分析发现，感知风险、努力期望、绩效期望、冲动性以及社会影响等因素对生鲜产品网购意愿的影响较为显著。具体而言：

一是消费者的感知风险对其网购生鲜产品的意愿有显著负向影响，且其影响大小较其他变量而言最大。由于网购环境下的生鲜产品属于商品分类中的经验品（即购买后才能判断出产品质量的好坏）和信任品（即试用后也无法判断产品质量的好坏），因此消费者购买生鲜产品时所面临的不确定性更大。再者，消费者已习惯在线下购买生鲜产品，并且在线下购买时他们可以挑选自己满意的产品，但在线上购买，消费者无法挑选产品，也无法保证质量与在线下购买时的产品预期质量相同。所以，在消费者的产品预期质量保持不变的情况下，其所面临的风险将会更大，而当其感知到的风险变大时，自然也不愿意在网上购买生鲜产品。

二是消费者的努力期望对其网购生鲜产品的意愿有显著正向影响。随着科技的发展，各类 APP 占用消费者的时间越来越多，消费者的时间也越来越宝贵。而当消费者在购物页面寻找某一商品或功能的时间超过其耐心的临界值后，他们便有可能舍弃这家网店，并将目标转向其他网店。因此，当生鲜电商平台操作性较强且操作流程较为简单时，消费者则会有更强的购买意愿。

三是消费者的绩效期望对其网购生鲜产品的意愿有显著正向影响。当身处快节奏的生活时，如果消费者不能从一种购物方式中感知到它给自己的生活带来的帮助与价值，那么消费者极有可能舍弃这种购物方式。因此，当生鲜电商商家提供的产品和服务是有价值的，且能够提高消费者的生活质量时，消费者的购买意愿会更强烈。

四是消费者的冲动性对其网购生鲜产品的意愿有显著正向影响，但其影响大小较其他的变量而言较弱。这可能是因为我国的普遍文化水平有所提高，加上现阶段提倡的理性消费使得消费者不像以往研究中的那么冲动；还可能是因为线上购物时，产品销售人员不容易与顾客进行面对面的交谈，所以更难激发消费者冲动购物的欲望。

五是消费者所受到的社会影响对其网购生鲜产品的意愿有显著正向影响，但其影响大小较其他变量而言最小。这可能是因为目前生鲜产品的网购消费者大多数是 90 后，而有报道指出，他们虽然会受别人的影响，但是其独立性更强，更愿意经过自己的理性分析后做出决定，故社会影响对消费者网购生鲜产品的意愿有相对较小的正向影响。

4 基于冲动性购买理论的生鲜产品网购意愿研究

4.1 引言

随着计算机技术、通讯行业的迅速发展，互联网已经逐步深度融入现代商业活动、日常生活之中。中国互联网络信息中心（CNNIC）发布的第43次《中国互联网络发展状况统计报告》显示，目前我国网民规模达8.29亿，互联网普及率为59.6%，手机网民规模达8.17亿，网民通过手机接入互联网的比例高达98.6%。网络购物也随着互联网、移动设备的高速发展而逐步普及，截至2018年12月，我国网购用户约6.1亿，网络手机支付用户约5.83亿。

消费者可以利用互联网实现足不出户就可享受商家所提供的产品或服务。然而，受到易腐性、易损性、高包装成本、高运输成本等特殊因素的制约，生鲜产品很难像其他网购产品一样被众多消费者广泛接受。在艾瑞咨询发布的《2018年中国生鲜电商行业消费洞察报告》中，2017年中国网络购物市场交易规模达1.44万亿元，而生鲜电商市场规模仅约为1 391.3亿元。结合目前中国生鲜电商市场每年保持高增长率的背景，可以明显发现目前生鲜电商虽然发展迅速，但是与电商市场总体规模相比，还存在较大差距，发展空间仍然很大。

针对目前生鲜电商的发展状况，以及考虑到顾客不能完全了解卖家提供的生鲜产品质量、物流配送等情况，本书研究了消费者网上冲动购买生鲜产品意愿问题，分析了产品品质和价格折扣等产品特征因素，以及时间压力、物流服务、商家口碑、平台信誉等情境特征因素，并分析了这些因素对消费者冲动性购买意愿的影响。相关研究结论可以促使商家优化产品或服务，提高网上生鲜产品的被购买率，提高行业内商家的存活率，实现行业的高质量与可持续发展。

4.2 消费者网上冲动性购买生鲜产品意愿研究

4.2.1 模型构建与研究假设

（1）模型构建

本书主要分析消费者网上冲动性购买生鲜产品意愿的主要影响因素，根据相关文献以及冲动性购物理论，构建了如图 4-1 所示的模型。

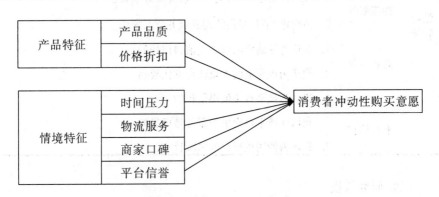

图 4-1 生鲜产品网购意愿模型

本部分的研究变量分为产品特征和情境特征两大类。问卷包含三个部分：第一部分是引导语，向调查对象说明调查目的、填写要求等，引导调查对象接受问卷调查；第二部分是对调查对象的基本信息如年龄、职业等情况的调查；第三部分是对模型中涉及的影响因素的调查，为对产品特征的测量，包括产品品质、价格折扣两个因素，以及对情境特征的测量，包括时间压力、物流服务、商家口碑、平台信誉四个因素。本书使用 Likert

五级量表来测度变量，被调查者从"非常同意"到"非常不同意"的五个选项中，选出自己最认可的选项。在借鉴相关文献和报告的基础上，结合本书特征构建了如表4-1所示量表。

表4-1　因素的研究量表

层面	维度	衡量问项	主要参考文献作者
产品特征	产品品质	1. 我不认为该商店/网站会出售质量不合标准的产品 2. 我认为该商店/网站出售的产品质量令人放心	
	价格折扣	1. 打折商品会对我的购买计划产生很大影响 2. 看到打折商品时，我会很想买下 3. 商品打折后，我认为该商品的性价比更高	
情境特征	时间压力	1. 我更倾向于在某一时间段购买生鲜产品 2. 我更倾向于在用餐前的时间段购买生鲜产品，为用餐做准备	白雪玘（2016） 张迪（2010）
	物流服务	1. 我对该商家/平台提供的物流服务很放心 2. 该商家/平台提供的物流服务令人满意	
	商家口碑	1. 我认为该商家的口碑是值得信赖的 2. 我认为该商家的大众认可度比较高	
	平台信誉	1. 我认为该平台是值得信赖的 2. 我认为该平台提供的服务是可靠的 3. 我认为使用该平台的风险较小	

（2）研究假设

基于过去的研究表明，产品质量和安全会对消费者网购生鲜产品的意愿产生较为显著的影响（何德华，韩晓宇，李优柱，2014）。生鲜电商消费者网上购物面对的最大的问题就是产品质量的不确定性，如果消费者十分信任商店提供的产品的质量，认为产品质量可以达到其要求，便会产生购买心理。因此，本书假设产品品质是可以影响消费者冲动消费的因素，且产品质量高于消费者预期，并提出以下假设：

假设1：产品特征会显著影响消费者的冲动购物心理；

假设 1a：商品的品质越好，消费者网上购买生鲜产品的冲动越强烈。

当消费者在线下商店面临商品出现折扣情况时，消费者也会产生突发性的购买心理，即使这件商品最初并不在消费者的购物清单中。王求真等（2014）研究发现，价格折扣、购买人数都会对唤起感起正向作用。消费者在网上购物时，可以很容易进行多个商家同类商品的对比，因此在商品质量、物流服务相同的情况下，价格就成了消费者选择商品的重要因素。因此，在产品品质、物流服务水平相同的情况下，本书做出如下假设：

假设 1b：商品的价格折扣越高，消费者网上购买生鲜产品的冲动越强烈。

消费者在网络商店购买生鲜产品时，并不会只关注产品的品质与价格，因为生鲜产品不同于其他产品的易腐性、难运输性、难储存性，导致客户还会关注商家的额外信息如商家口碑、物流服务等信息，这些除产品本身特质之外的服务信息也会对消费者的购买意愿产生较大的影响。白雪玘在基于生鲜电商视角的冲动性购买意愿影响研究中，得出了情境特征如购买评论、电商口碑等因素会对消费者冲动性购买意愿产生正向的影响的结论（白雪玘，2016）。因此，本书提出如下假设：

假设 2：情境特征会显著影响消费者的冲动购物心理；

根据艾瑞咨询的调查报告，用户需求会随时间变化而产生一定波动，从消费时间的调查来看，在 09：00—12：00 和 18：00—21：00 这两个时间段内，购买人数占网购生鲜产品的总人数的比例最高，分别占比大约 23% 和 27%。分析此现象的原因，是因为这两个时间段分别对应午餐前和晚餐前的时段，用户很大可能会选择这两个时间段网购食材进行备餐。考虑到网购生鲜产品的即时性需要，本书做出如下假设：

假设 2a：在特定的时间压力下，消费者网上购买生鲜产品的冲动会越强烈。

曾慧等（2014）研究发现，物流服务会通过影响网络消费者的信任而影响消费者的购买意愿；而何德华等（2014）研究发现，物流服务预期对消费者网购生鲜产品的意愿影响不显著；艾瑞咨询发布的报告显示物流配送服务在 2017 年中国生鲜网购用户选择购买平台时最看重的因素中排第三位，前两位分别为食品安全和价格。因此，本书提出如下假设：

假设 2b：商家或者平台提供的物流服务越好，消费者网上购买生鲜产品的冲动会越强烈。

情境特征如购买评论、商家口碑等因素也会对消费者的购买意愿产生影响：白雪玘（2016）研究发现，购买评论、电商口碑等情境特征因素对消费者冲动性购买意愿具有正向影响。根据艾瑞咨询的调查，在中国消费者消费时所考虑的因素中品牌及口碑排第三位，而购买评论是商家口碑的重要组成部分，购买评论正向影响商家口碑；店铺建设，包括产品介绍的详细程度、产品组合搭配、产品售后服务等店铺服务也是商家口碑的重要组成部分，共同作用并影响消费者的购买意愿。由此，本书假设商家口碑高于消费者预期，并做出如下假设：

假设 2c：商家的口碑越高，消费者网上购买生鲜产品的冲动会越强烈。

根据艾瑞咨询发布的报告来看，在中国生鲜网购用户选择购买平台时看重的因素中，平台品牌知名度和平台服务分别排名第五和第六。一个口碑好、品质优、信誉强的平台会对消费者的购买意愿产生较强的正向影响。由此，本书假设平台信誉高于消费者预期，并做出如下假设：

假设 2d：平台信誉越高，消费者网上购买生鲜产品的冲动会越强烈。

综上所述，本书所构建的研究假设如表4-2所示：

表 4-2　研究假设

序号	研究假设
H1：	产品特征会显著影响消费者的冲动购物心理；
H1a：	商品的品质越好，消费者网上购买生鲜产品的冲动越强烈；
H1b：	商品的价格折扣越高，消费者网上购买生鲜产品的冲动越强烈。
H2：	情境特征会显著影响消费者的冲动购物心理；
H2a：	在特定的时间压力下，消费者网上购买生鲜产品的冲动会越强烈；
H2b：	商家或者平台提供的物流服务越好，消费者网上购买生鲜产品的冲动会越强烈；
H2c：	商家的口碑越高，消费者网上购买生鲜产品的冲动会越强烈；
H2d：	平台信誉越高，消费者网上购买生鲜产品的冲动会越强烈；

4.2.2 实证分析

（1）描述性统计

本调查的问卷采用线上调查方式，共回收问卷 367 份，剔除无效问卷后，得到有效问卷共计 308 份。该样本的描述性统计如表 4-3 所示。

表 4-3 样本的描述性统计表

数据资料类别	数据资料特征	样本数/份	所占比例/%
性别	男	165	53.57
	女	143	46.43
年龄	20 岁以下	27	8.77
	20~30 岁	137	44.48
	31~40 岁	82	26.62
	41~50 岁	33	10.71
	51 岁及以上	29	9.42
学历	初中及以下	47	15.26
	高中（含职高）	82	26.62
	大专	46	14.94
	本科	107	34.74
	硕士及以上	26	8.44
职业	学生	81	26.3
	私人/外资企业员工	45	14.61
	国有企事业单位工作人员	105	34.09
	自由工作者	42	13.64
	其他	35	11.36

由表 4-3 可知，本调查的样本中男性比女性稍多，占全部样本的 53.57%；大多数被调查对象处于 20 至 30 岁的年龄段，占全部样本的 44.48%；对于学历的调查显示，26.62% 的样本学历为高中（含职高），

34.74%的样本学历为本科，占调查的前两名；样本的职业分布广泛，34.09%的样本为国有企事业单位工作人员，26.3%的样本为学生，14.61%的样本为私人或外资企业的员工，剩下的25%为自由工作者或从事其他职业。

（2）信度与效度分析

①信度分析

信度分析是对数据反映的实际情况的可靠程度进行分析，即判断数据是否能够反映被调查问题的真实情况。本书采用 Cronbach 系数进行信度分析。α 系数判断标准如表 3-4 所示。本书中变量的信度分析结果如表 4-4 所示。

表 4-4 变量的信度分析结果

变量名称	因子名称	克朗巴哈（Cronbach）α 系数
产品特征	产品品质	0.832
	价格折扣	0.897
	时间压力	0.855
情境特征	物流服务	0.833
	商家口碑	0.827
	平台信誉	0.912
冲动性购买意愿		0.805
整体信度		0.935

通过信度分析得出，本调查中的因子的克朗巴哈（Cronbach）α 系数均大于 0.8，符合规定，说明本调查的数据可以在一定程度上可靠地反映真实情况，可以继续进行分析。

②效度分析

效度分析的目的是判断数据是否适合做因子分析。本书将对数据进行 KMO 检验和 Bartlett 球形检验以判断数据是否适合做因子分析。

KMO 检验用于检查变量间的相关性和偏相关性，统计量的取值在 0 至 1 之间，统计量越大时，认为变量越适合做因子分析。一般认为，当 KMO

值在 0.9 以上时，非常适合做因子分析；当在 0.7 至 0.9 之间时，合适；当在 0.6 至 0.7 之间时，勉强合适；当在 0.5 至 0.6 之间时，不太合适；当在 0.5 以下时，不适合做因子分析。一般而言，KMO 值大于 0.7，且 Bartlett 球形检验小于或者等于 0.01 时，数据适合做因子分析。本书中产品特征 KMO 和 Bartlett 球形检验如表 4-5 所示，情境特征的 KMO 和 Bartlett 球形检验结果如表 4-6 所示，冲动性购买意愿的 KMO 和 Bartlett 球形检验结果如表 4-7 所示，全体变量如表 4-8 所示。

表 4-5 产品特征的 KMO 和 Bartlett 球形检验结果

变量名称	KMO 值	近似卡方	自由度	显著性概率
产品特征	0.815	915.086	10	0.000

由表 4-5 可以看出，KMO 的值为 0.815；Bartlett 球性检验的结果显示卡方值为 915.086，证明其所对应的显著性概率 P 值小于 0.01。这两个数值均显示产品特征量表结构效度较好，适合做因子分析。

表 4-6 情境特征的 KMO 和 Bartlett 球形检验结果

变量名称	KMO 值	近似卡方	自由度	显著性概率
情境特征	0.915	2 056.471	36	0.000

由表 4-6 可以看出，KMO 的值为 0.915；Bartlett 球性检验的结果显示卡方值为 2 056.471，证明其所对应的显著性概率 P 值小于 0.01。这两个数值均显示情境特征量表结构效度较好，适合做因子分析。

表 4-7 冲动性购买意愿的 KMO 和 Bartlett 球形检验结果

变量名称	KMO 值	近似卡方	自由度	显著性概率
情境特征	0.500	184.748	1	0.000

由表 4-7 可以看出，KMO 的值为 0.500；Bartlett 球性检验的结果显示卡方值为 184.748，证明其所对应的显著性概率 P 值小于 0.01。这两个数值均显示冲动性购买意愿量表结构效度较好，适合做因子分析。

表4-8　全体变量的 KMO 和 Bartlett 球形检验结果

变量名称	KMO 值	近似卡方	自由度	显著性概率
整体效度	0.919	3 611.712	120	0.000

由表4-8可以看出，总量表的 KMO 的值为 0.919；Bartlett 球性检验的结果显示卡方值为 3 611.712，证明其所对应的显著性概率 P 值小于 0.01。这两个数值均显示量表结构效度较好，适合做因子分析。

（3）因子分析

本书采用因子分析法对问卷（见附录 A.2 基于冲动性购买理论的生鲜产品网购意愿研究）中的 16 个问项进行归纳简化，以实现降低变量维数的目的。

①提取因子

通过主成分分析法提取因子，结果如表 4-9 至表 4-20 所示。

表4-9　产品品质样本的变量共同度

	初始	提取
6-1. 您认为该商店/网站不会出售质量不合标准的产品	1.000	0.856
6-2. 您认为该商店/网站出售的产品质量令人放心	1.000	0.856

提取方法：主成分分析法。

由表4-9可知，产品品质变量两个问项的绝大部分信息都可被一个因子解释。

表4-10　产品品质样本的整体解释变异数

成分	初始特征值			抽取平方和载入		
	合计	方差百分比（%）	累计%	合计	方差百分比（%）	累计%
1	1.712	85.615	85.615	1.712	85.615	85.615
2	0.288	14.385	100.000			

提取方法：主成分分析法。

由表4-10可知，第一个因子的方差贡献率为 1.712，解释原有两个变量总方差的 85.615%；第二个因子的方差贡献率为 0.288，解释原有两个变量总方差的 14.385%。

表 4-11　价格折扣样本的变量共同度

	初始	提取
7-1. 打折商品会对您的购买计划产生很大影响	1.000	0.806
7-2. 看到打折商品时，您会很想买下	1.000	0.850
7-3. 商品打折后，您认为该商品的性价比更高	1.000	0.834

提取方法：主成分分析法。

由表 4-11 可知，价格折扣变量三个问项的绝大部分信息都可被一个因子解释。

表 4-12　价格折扣样本的整体解释变异数

成分	初始特征值			抽取平方和载入		
	合计	方差 百分比（%）	累计%	合计	方差 百分比（%）	累计%
1	2.490	82.994	82.994	2.490	82.994	82.994
2	0.290	9.671	92.665			
3	0.220	7.335	100.000			

提取方法：主成分分析法。

由表 4-12 可知，第一个因子的方差贡献率为 2.490，解释原有三个变量总方差的 82.994%；第二个因子的方差贡献率为 0.290，解释原有三个变量总方差的 9.671；第三个因子的方差贡献率为 0.220，解释原有三个变量总方差的 7.335%。

表 4-13　时间压力样本的变量共同度

	初始	提取
8-1. 您更倾向于在某一时间段购买生鲜产品	1.000	0.874
8-2. 您更倾向于在用餐前的时间段购买生鲜产品，为用餐做准备	1.000	0.874

提取方法：主成分分析法。

由表4-13可知，时间压力变量两个问项的绝大部分信息都可被一个因子解释。

表4-14　时间压力样本的整体解释变异数

成分	初始特征值			抽取平方和载入		
	合计	方差百分比（%）	累计%	合计	方差百分比（%）	累计%
1	1.748	87.389	87.389	1.748	87.389	87.389
2	0.252	12.611	100.000			

提取方法：主成分分析法。

由表4-14可知，第一个因子的方差贡献率为1.748，解释原有两个变量总方差的87.389%；第二个因子的方差贡献率为0.252，解释原有两个变量总方差的12.611%。

表4-15　物流服务样本的变量共同度

	初始	提取
9-1. 您对该商家/平台提供的物流服务很放心	1.000	0.857
9-2. 该商家/平台提供的物流服务令您满意	1.000	0.857

提取方法：主成分分析法。

由表4-15可知，物流服务变量两个问项的绝大部分信息都可被一个因子解释。

表4-16　物流服务样本的整体解释变异数

成分	初始特征值			抽取平方和载入		
	合计	方差百分比（%）	累计%	合计	方差百分比（%）	累计%
1	1.713	85.674	85.674	1.713	85.674	85.674
2	0.287	14.326	100.000			

提取方法：主成分分析法。

由表4-16可知，第一个因子的方差贡献率为1.713，解释原有两个变量总方差的85.674%；第二个因子的方差贡献率为0.287，解释原有两个变量总方差的 14.326%。

表 4-17 商家口碑样本的变量共同度

	初始	提取
10-1. 您认为该商家的口碑是值得信赖的	1.000	0.853
10-2. 您认为该商家的大众认可度比较高	1.000	0.853

提取方法：主成分分析法。

由表 4-17 可知，商家口碑变量两个问项的绝大部分信息都可被一个因子解释。

表 4-18 商家口碑样本的整体解释变异数

成分	初始特征值			抽取平方和载入		
	合计	方差百分比（%）	累计%	合计	方差百分比（%）	累计%
1	1.707	85.328	85.328	1.707	85.328	85.328
2	0.293	14.672	100.000			

提取方法：主成分分析法。

由表 4-18 可知，第一个因子的方差贡献率为 1.707，解释原有两个变量总方差的 85.328%；第二个因子的方差贡献率为 0.293，解释原有两个变量总方差的 14.672%。

表 4-19 平台信誉样本的变量共同度

	初始	提取
11-1. 您认为该平台是值得信赖的	1.000	0.839
11-2. 您认为该平台提供的服务是可靠的	1.000	0.875
11-3. 您认为使用该平台的风险较小	1.000	0.836

提取方法：主成分分析法。

由表 4-19 可知，平台信誉变量三个问项的绝大部分信息都可被一个因子解释。

表4-20 平台信誉样本的整体解释变异数

成分	初始特征值			抽取平方和载入		
	合计	方差百分比（%）	累计%	合计	方差百分比（%）	累计%
1	2.550	85.014	85.014	2.550	85.014	85.014
2	0.259	8.634	93.648			
3	0.191	6.352	100.000			

提取方法：主成分分析法。

由表4-20可知，第一个因子的方差贡献率为2.550，解释原有三个变量总方差的85.014%；第二个因子的方差贡献率为0.259，解释原有三个变量总方差的8.634%；第三个因子的方差贡献率为0.191，解释原有三个变量总方差的6.352%。

由表4-9至表4-20的数据可知，各个因素的2~3个问项均可被一个因子解释，这也充分表明，本部分的因子提取效果较好。

②因子的命名解释

通过主成分分析法对因子载荷矩阵实行正交旋转，可使因子具有命名解释性。旋转后的因子载荷矩阵如表4-21所示。

表4-21 旋转后的因子载荷矩阵

	成分					
	1	2	3	4	5	6
7-3. 商品打折后，您认为该商品的性价比更高	0.824	0.177	0.142	0.287	0.144	0.143
7-2. 看到打折商品时，您会很想买下	0.804	0.269	0.179	0.204	0.161	0.164
7-1. 打折商品会对您的购买计划产生很大影响	0.781	0.222	0.259	0.068	0.262	0.169
11-2. 您认为该平台提供的服务是可靠的	0.216	0.805	0.231	0.193	0.269	0.151
11-1. 您认为该平台是值得信赖的	0.298	0.785	0.183	0.180	0.219	0.168

表4-21（续）

	成分					
	1	2	3	4	5	6
11-3. 您认为使用该平台的风险较小	0.209	0.776	0.219	0.286	0.135	0.231
8-1. 您更倾向于在某一时间段购买生鲜产品	0.258	0.222	0.838	0.136	0.158	0.198
8-2. 您更倾向于在用餐前的时间段购买生鲜产品，为用餐做准备	0.219	0.282	0.762	0.305	0.208	0.143
6-1. 您认为该商店/网站不会出售质量不合标准的产品	0.287	0.263	0.201	0.796	0.153	0.140
6-2. 您认为该商店/网站出售的产品质量令人放心	0.195	0.272	0.225	0.735	0.252	0.269
9-1. 您对该商家/平台提供的物流服务很放心	0.373	0.275	0.189	0.178	0.743	0.220
9-2. 该商家/平台提供的物流服务令您满意	0.217	0.331	0.250	0.299	0.690	0.229
10-2. 您认为该商家的大众认可度比较高	0.294	0.274	0.213	0.237	0.226	0.782
10-1. 您认为该商家的口碑是值得信赖的	0.227	0.341	0.300	0.315	0.342	0.570

提取方法：主成分分析法。旋转方法：具有kaiser标准化的正交旋转法。a. 旋转在6次迭代中收敛。

由表4-21可知，同一潜变量的测度项在某一因子上的载荷明显大于在其他因子上的载荷，且载荷值大多数都大于0.7，表明因子具有较好的命名解释性，且各因素测度项对各自的因子贡献较大，并且具有很好的收敛性和区别性。

根据表4-21可知：价格折扣变量、平台信誉变量、时间压力变量、产品品质变量、物流服务变量、商家口碑变量分别在第一个因子、第二个因子、第三个因子、第四个因子、第五个因子、第六个因子上具有较高载荷。这六个因子可分别解释为价格折扣因子、平台信誉因子、时间压力因子、产品品质因子、物流服务因子、商家口碑因子。

表 4-22　解释的总方差

成分	初始特征值			提取平方和载入			旋转平方和载入		
	合计	方差的%	累积%	合计	方差的%	累积%	合计	方差的%	累积%
1	8.506	60.760	60.760	8.506	60.760	60.760	2.673	19.095	19.095
2	1.028	7.340	68.100	1.028	7.340	68.100	2.669	19.062	38.157
3	0.771	5.504	73.604	0.771	5.504	73.604	1.861	13.291	51.449
4	0.692	4.945	78.549	0.692	4.945	78.549	1.841	13.153	64.602
5	0.596	4.256	82.805	0.596	4.256	82.805	1.606	11.469	76.071
6	0.426	3.039	85.844	0.426	3.039	85.844	1.368	9.774	85.844
7	0.338	2.413	88.257	—	—	—	—	—	—
8	0.317	2.261	90.518	—	—	—	—	—	—
9	0.282	2.016	92.534	—	—	—	—	—	—
10	0.249	1.782	94.316	—	—	—	—	—	—
11	0.234	1.674	95.990	—	—	—	—	—	—
12	0.213	1.522	97.513	—	—	—	—	—	—
13	0.189	1.353	98.866	—	—	—	—	—	—
14	0.159	1.134	100.000	—	—	—	—	—	—

提取方法：主成分分析法。

由表 4-22 可知，六个因子解释了原有变量总方差的 85.844%。原变量的信息丢失较少，因子分析效果较理想。

表 4-23　成分得分协方差矩阵

成分	1	2	3	4	5	6
1	1.000	0.000	0.000	0.000	0.000	0.000
2	0.000	1.000	0.000	0.000	0.000	0.000
3	0.000	0.000	1.000	0.000	0.000	0.000
4	0.000	0.000	0.000	1.000	0.000	0.000
5	0.000	0.000	0.000	0.000	1.000	0.000

表4-23(续)

成分	1	2	3	4	5	6
6	0.000	0.000	0.000	0.000	0.000	1.000

提取方法：主成分分析法。旋转法：具有 kaiser 标准化的正交旋转法。构成得分。

由表 4-23 可知，六个因子没有线性相关性，实现了因子分析的设计目的。

（4）相关性分析

相关分析的主要任务是明确变量之间的紧密程度，理想结果是因变量和自变量之间的相关性强；若是自变量之间相关性强，就需要剔除某个自变量。描述变量之间关系及方向的统计量为相关系数，在 -1 至 1 之间，绝对值越大表示相关性越大，0 表示不相关，正数值表示正相关，负数值表示负相关。

本书采用 Pearson 相关系数来度量两变量间的线性相关关系。通常情况下，认为显著性概率 P 值小于 0.05 时，Pearson 系数具有统计意义。结果如表 4-24 所示。

表 4-24 产品特征、情境特征与冲动性购买意愿的相关分析结果

		产品品质维度	价格折扣维度	时间压力维度	物流服务维度	商家口碑维度	平台信誉维度	冲动性购买意愿维度
产品品质维度	Pearson 相关性							
	显著性（双侧）							
	N							
价格折扣维度	Pearson 相关性	0.609**						
	显著性（双侧）	0.000						
	N	308						

表4-24(续)

		产品品质维度	价格折扣维度	时间压力维度	物流服务维度	商家口碑维度	平台信誉维度	冲动性购买意愿维度
时间压力维度	Pearson相关性	0.560**	0.529**					
	显著性（双侧）	0.000	0.000					
	N	308	308					
物流服务维度	Pearson相关性	0.525**	0.538**	0.474**				
	显著性（双侧）	0.000	0.000	0.000				
	N	308	308	308				
商家口碑维度	Pearson相关性	0.582**	0.556**	0.519**	0.538**			
	显著性（双侧）	0.000	0.000	0.000	0.000			
	N	308	308	308	308			
平台信誉维度	Pearson相关性	0.511**	0.481**	0.450**	0.473**	0.504**		
	显著性（双侧）	0.000	0.000	0.000	0.000	0.000		
	N	308	308	308	308	308		
冲动性购买意愿维度	Pearson相关性	0.385**	0.399**	0.400**	0.351**	0.426**	0.407**	
	显著性（双侧）	0.000	0.000	0.000	0.000	0.000	0.000	
	N	308	308	308	308	308	308	

** 在0.01水平（双侧）上显著相关。

由表4-24可知，产品品质、价格折扣、时间压力、物流服务、商家口碑、平台信誉与冲动性购买意愿的相关系数分别为0.385、0.399、

0.400、0.351、0.426、0.407，相关系数对应的 P 值均小于 0.05，说明六个因素与购买意愿之间具有正相关性。且六个假设因素间的相关系数不大，可知六个变量间共线性的可能性较低。

（5）回归分析及结果

①慧慧分析结果

关于产品特征、情境特征与冲动性购买意愿的回归分析，首先检验回归模型可否利用线性模型进行分析，检验结果如表 4-25 所示。

表 4-25　关于冲动性购买意愿的方差分析结果

	模型	平方和	df	均方	F	Sig.
	回归	71.266	1	71.266	67.712	0.000[a]
1	残差	322.062	306	1.052		
	总计	393.328	307			
	回归	90.768	2	45.384	45.750	0.000[b]
2	残差	302.560	305	0.992		
	总计	393.328	307			
	回归	100.546	3	33.515	34.799	0.000[c]
3	残差	292.782	304	0.963		
	总计	393.328	307			
	回归	104.266	4	26.067	27.324	0.000[d]
4	残差	289.061	303	0.954		
	总计	393.328	307			

a. 预测变量：（常量），商家口碑维度

b. 预测变量：（常量），商家口碑维度，平台信誉维度

c. 预测变量：（常量），商家口碑维度，平台信誉维度，时间压力维度

d. 预测变量：（常量），商家口碑维度，平台信誉维度，时间压力维度，价格折扣维度

e. 因变量：冲动性购买意愿维度

由表 4-25 可知，模型 4 为多元线性回归方程模型，其显著性检验的 F 统计量的观测值为 27.324，其对应的概率 P 值为 0，小于显著性水平

0.05，表明全体解释变量与被解释变量具有显著的线性关系，模型4合理。

表 4-26　关于冲动性购买意愿线性回归分析的结果

模型		非标准化系数		标准系数	t	Sig.	共线性统计量	
		B	标准误差	Beta			容差	VIF
1	（常量）	1.578	0.165		9.568	0.000		
	商家口碑维度	0.469	0.057	0.426	8.229	0.000	1.000	1.000
2	（常量）	1.119	0.191		5.863	0.000		
	商家口碑维度	0.326	0.064	0.296	5.087	0.000	0.746	1.340
	平台信誉维度	0.283	0.064	0.258	4.434	0.000	0.746	1.340
3	（常量）	0.887	0.202		4.401	0.000		
	商家口碑维度	0.244	0.068	0.221	3.571	0.000	0.639	1.565
	平台信誉维度	0.230	0.065	0.210	3.539	0.000	0.698	1.433
	时间压力维度	0.218	0.069	0.191	3.186	0.002	0.683	1.463
4	（常量）	0.804	0.205		3.924	0.000		
	商家口碑维度	0.200	0.071	0.181	2.798	0.005	0.577	1.732
	平台信誉维度	0.203	0.066	0.184	3.055	0.002	0.666	1.501
	时间压力维度	0.178	0.071	0.155	2.499	0.013	0.627	1.595
	价格折扣维度	0.139	0.071	0.127	1.975	0.049	0.584	1.712

因变量：冲动性购买意愿维度

由表4-26可知，商家口碑维度、平台信誉维度、时间压力维度、商家口碑维度相关系数的 t 检验的显著性概率 P 值均小于显著性水平0.05，说明这四个解释变量均会对被解释变量产生显著性影响。

表 4-27　关于冲动性购买意愿线性回归分析的结果（已排除的变量[e]）

模型		Beta In	t	Sig.	偏相关	共线性统计量		
						容差	VIF	最小容差
1	产品品质维度	0.207[a]	3.305	0.001	0.186	0.661	1.513	0.661
	价格折扣维度	0.235[a]	3.858	0.000	0.216	0.691	1.448	0.691
	时间压力维度	0.245[a]	4.150	0.000	0.231	0.731	1.368	0.731
	物流服务维度	0.172[a]	2.828	0.005	0.160	0.710	1.408	0.710
	平台信誉维度	0.258[a]	4.434	0.000	0.246	0.746	1.340	0.746
2	产品品质维度	0.135[b]	2.088	0.038	0.119	0.597	1.674	0.597
	价格折扣维度	0.174[b]	2.788	0.006	0.158	0.637	1.571	0.618
	时间压力维度	0.191[b]	3.186	0.002	0.180	0.683	1.463	0.639
	物流服务维度	0.107[b]	1.723	0.086	0.098	0.655	1.526	0.630
3	产品品质维度	0.078[c]	1.157	0.248	0.066	0.537	1.862	0.537
	价格折扣维度	0.127[c]	1.975	0.049	0.113	0.584	1.712	0.577
	物流服务维度	0.068[c]	1.085	0.279	0.062	0.625	1.599	0.579
4	产品品质维度	0.042[d]	0.588	0.557	0.034	0.487	2.052	0.487
	物流服务维度	0.041[d]	0.636	0.525	0.037	0.590	1.696	0.546

a. 预测变量：（常量），商家口碑维度

b. 预测变量：（常量），商家口碑维度，平台信誉维度

c. 预测变量：（常量），商家口碑维度，平台信誉维度，时间压力维度

d. 预测变量：（常量），商家口碑维度，平台信誉维度，时间压力维度，价格折扣维度

e. 因变量：冲动性购买意愿维度

由表 4-27 可知，产品品质维度和物流服务维度相关系数的 t 检验的显著性概率 P 值大于 0.05，说明该维度没有统计意义，可认为产品品质维度和物流服务因素对消费者的冲动性购买意愿无显著性影响，可否认前文的对应假设。

可根据表 4-26 中的数据得出如下关系：

冲动性购买意愿=0.8+0.2×商家口碑+0.2×平台信誉+0.18×时间压力+0.14×价格折扣

据此可知，商家口碑、平台信誉、时间压力、价格折扣四个因素会对消费者的冲动性购买意愿产生正向影响。其中，商家口碑与平台信誉对冲动性购买意愿的影响程度最大，时间压力次之，最后是价格折扣因素。而产品品质因素和物流服务因素不会对消费者的冲动性购买意愿产生影响。可见，假设 1b、假设 2a、假设 2c、假设 2d 得到验证，假设 1a、假设 2b 需要否定。

②拟合优度检验

表 4-28　情境特征与冲动性购买意愿的回归分析[e]

| 模型 | R | R^2 | 调整后的 R^2 | 标准估计的误差 | 统计数据变化 | | | | | |
					R 方变化	F 值变化	df1	df2	标准 F 值变化	德宾-沃森
1	0.426[a]	0.181	0.179	1.026	0.181	67.712	1	306	0.000	
2	0.480[b]	0.231	0.226	0.996	0.050	19.660	1	305	0.000	
3	0.506[c]	0.256	0.248	0.981	0.025	10.152	1	304	0.002	
4	0.515[d]	0.265	0.255	0.977	0.009	3.900	1	303	0.049	0.303

a. 预测变量：（常量），商家口碑维度

b. 预测变量：（常量），商家口碑维度，平台信誉维度

c. 预测变量：（常量），商家口碑维度，平台信誉维度，时间压力维度

d. 预测变量：（常量），商家口碑维度，平台信誉维度，时间压力维度，价格折扣维度

e. 因变量：冲动性购买意愿维度

由表 4-28 可知，模型 4 是以商家口碑、平台信誉、时间压力、价格折扣为解释变量的多元线性回归方程，其判定系数为 0.255，标准估计误差较小。可见模型 4 的拟合效果较好。

表 4-29　共线性诊断

模型	维数	特征值	条件索引	（常量）	商家口碑维度	平台信誉维度	时间压力维度	价格折扣维度
1	1	1.935	1.000	0.03	0.03			
	2	0.065	5.460	0.97	0.97			

表4-29（续）

模型	维数	特征值	条件索引	（常量）	商家口碑维度	平台信誉维度	时间压力维度	价格折扣维度
2	1	2.882	1.000	0.01	0.01	0.01		
	2	0.065	6.648	0.55	0.83	0.02		
	3	0.053	7.392	0.44	0.15	0.97		
3	1	3.825	1.000	0.01	0.01	0.00	0.00	
	2	0.065	7.648	0.49	0.63	0.05	0.02	
	3	0.059	8.043	0.02	0.06	0.50	0.68	
	4	0.050	8.705	0.48	0.30	0.44	0.29	
4	1	4.770	1.000	0.00	0.00	0.00	0.00	0.00
	2	0.11	0.067	8.416	0.50	0.34	0.11	0.01
	3	0.03	0.059	8.955	0.04	0.17	0.46	0.48
	4	0.85	0.052	9.556	0.00	0.23	0.00	0.23
	5	0.00	0.050	9.721	0.46	0.26	0.42	0.27

因变量：冲动性购买意愿维度

由表4-29可知，模型4的最大特征值为4.770，其余依次快速减小；条件索引均小于10，说明四个解释变量间不存在严重的共线性问题。且由表4-26的各解释变量对应的VIF均接近于1小于10的情况来看，可知解释变量间共线性较小。

③回归方程显著性检验（F检验）

由表4-25可知，模型4的多元线性回归方程的显著性检验的F统计量的观测值为27.324，其对应的概率P值为0，小于显著性水平0.05，表明解释变量全体与被解释变量具有显著的线性关系。

④回归系数显著性检验（T检验）

由表4-26可知，商家口碑维度、平台信誉维度、时间压力维度、价格折扣维度的相关系数的t检验的显著性概率P值均小于显著性水平0.05，说明这四个解释变量均会对被解释变量产生显著性影响。而由表4-27可知，物流服务维度、产品品质维度相关系数的t检验的显著性概率P

值大于 0.05，不能拒绝原假设。

本部分通过计量软件对此问题进行实证分析，结果如表 4-30 所示。

表 4-30 研究结果汇总表

序号	研究假设	分析结果
H1：	产品特征会显著影响消费者的冲动购物心理；	不成立
H1a：	商品的品质越好，消费者网上购买生鲜产品的冲动越强烈；	不成立
H1b：	商品的价格折扣越高，消费者网上购买生鲜产品的冲动越强烈。	成立
H2：	情境特征会显著影响消费者的冲动购物心理；	不成立
H2a：	在特定的时间压力下，消费者网上购买生鲜产品的冲动会越强烈；	成立
H2b：	商家或者平台提供的物流服务越好，消费者网上购买生鲜产品的冲动会越强烈；	不成立
H2c：	商家的口碑越高，消费者网上购买生鲜产品的冲动会越强烈；	成立
H2d：	平台信誉越高，消费者网上购买生鲜产品的冲动会越强烈；	成立

由表 4-24 可知，产品品质、价格折扣、时间压力、物流服务、商家口碑、平台信誉与冲动性购买意愿的相关系数分别为 0.385、0.399、0.400、0.351、0.426、0.407，相关系数对应的 P 值均小于 0.05，说明六个因素与购买意愿之间具有正相关性。但是这六个因素与购买意愿间的影响关系的方向暂不明确，无法明确是否是产品品质越高，价格折扣越高，时间压力越大，物流服务水平越高，商家口碑越好，平台信誉越好，消费者冲动购买的意愿越强烈。

根据表 4-26 可知，价格折扣的回归系数为 0.14，时间压力的回归系数为 0.18，商家口碑的回归系数为 0.2，平台信誉的回归系数为 0.2。这说明产品特征中的价格折扣因素会显著影响消费者冲动性购买生鲜产品的意愿，而产品品质对冲动性购买意愿没有显著的影响。情境特征中的时间压力、商家口碑、平台信誉三个因素会对消费者的冲动性购买意愿产生影响，其中商家口碑和平台信誉的影响程度最高，时间压力次之，而物流服务因素对消费者的冲动性购买意愿无显著影响。

综上，假设中的假设 1b、假设 2a、假设 2c、假设 2d 成立，而假设

1a、假设 2b 不成立，假设 1、假设 2 皆不成立。

4.3　农产品直播可供性对消费者冲动购买意愿影响研究

（1）SOR 理论

①SOR 理论的来源与发展。"刺激-反应"（"Stimulus-Response"，即 S-R）理论是"刺激-机体-反应"（"Stimulus-Organism-Response"，即 SOR）模型的前身，其于 1913 年在行为心理学中被提出；该理论指出，应从刺激和反应两部分入手对人的复杂行为进行分解，认为人的内心活动是"黑箱"，而行为则是人的大脑对于外在刺激物的反应，解释人的行为时不需考虑其内心活动过程。学者普遍认为，这一原理将人的行为看做简单因果关系的产物，无视个体内心活动过程，缺乏足够的完整性与科学性。

在 S-R 原理的基础上，从投入产出角度出发，Mehrabian 和 Russell（1914）提出 SOR 模型，认为在环境刺激下，个体会产生心理感知变化，并以个体心理认知变化为中介影响个体行为。基于 Mehrabia 等的理论，Belk（1975）拓展了 SOR 模型的应用范畴，将其运用至消费者行为学研究领域，认为外部刺激作用于消费者内部感知，进而影响消费者行为表现。Donovan & Rossiter（1982）在考察零售环境对顾客感知及行为的影响时，首次将 SOR 模型运用到商店购物情景中。Bitner（1992）以网上消费服务环境为背景，运用 SOR 理论解释消费者心理活动过程，指出环境刺激会引发个体的情绪、认知，甚至物理反应，这些反应综合导致了消费者行为表现上的趋近或回避，由此形成了环境-消费者模型。21 世纪初，以信息技术为媒介的电子商务疾速发展，SOR 模型被 Eroglu 等引入电商领域并应用在了对网络购物的营销分析中，证实消费者的情感因素与性格特征是网购环境刺激导致消费者反应的中介变量。目前，SOR 理论已伴随着互联网技术日新月异的发展，被广泛运用到电子商务领域的消费者行为与消费意愿研究中。

②SOR 模型在网络消费者行为研究中的应用。国内外研究中均不乏将 SOR 模型应用于消费者行为研究中的实例。基于"刺激-机体-反应"框架，Chang 等（2008）通过研究证实了网站质量和网站品牌作为刺激变量，会对消费者购买意愿产生影响，客户信任和感知风险是个体受到环境刺激后产生的反应，在二者的关系间发挥着中介作用。Liu et al.（2013）通过问卷调查和结构方程建模分析，验证了诸如网站易用性、视觉吸引力和产品可用性等网站感知线索（S）会影响冲动性、规范评价、延时满足等个性特征（O），从而作用于消费者网上冲动购买的行为（R）。

针对互联网团购模式，张蓓佳等（2017）利用 SOR 模型进行了研究设计，探讨从时间压力、参团人数、价格折扣等环境刺激到个体感知的产品风险与交易风险，再到消费者的购买意愿间的作用过程。针对移动购物的兴起，张伟等（2020）通过实证分析探讨了移动购物场景因素（S）在感知唤醒与感知愉悦的中介作用下，对冲动性购买意愿（R）产生影响的机制。自"直播+电商"的模式流行开来后，越来越多学者开始研究网络直播营销中的问题。许贺（2020）就服装行业蓬勃发展的网络直播购物现象进行探究，借由 SOR 理论构建了逻辑模型，分析结果表明，服装网络直播的消费者感知愉悦和感知唤醒会受到娱乐性、互动性、可视化等因素影响，从而对消费者的冲动购买意愿产生显著正向影响，因此注重优化直播中的营销因素能够促成消费者的购买行为。

当前国内外学者已将 SOR 理论广泛延伸应用到了消费者行为领域的研究中，并取得了一定的成果。伴随直播电商的兴起，通过"刺激-机体-反应"模型进行直播场景下的消费者购买行为与购买意愿研究已成为新的关注点。目前，很多学者利用"刺激-机体-反应"模型对本土线上消费情景进行实证研究。何军红（2019）通过结构方程建模分析，验证了冲动质量、冲动性购买特质及手机依赖均会作用于唤起情绪进而引发消费者冲动性移动购物意愿，而评论数量与手机依赖则会引发愉悦情绪进而影响冲动性购买意愿。曲洪建（2019）研究发现，网络退货政策是消费者在网购中会关注的问题，研究通过回归分析证实了网购退货政策对于消费者的购买行为会产生显著正向影响，对消费者的风险感知会产生负向影响，消费者心理感知（感知风险、感知公平、感知质量）在网购退货政策与购买行为间起到部分中介作用。张静（2020）基于 SOR 理论，验证了电子商务平台的渠道选择对于消费者冲动购买意愿的影响，验证了心流体验在渠道选择与消费者购买意愿间发挥的部分中介作用。刘洋等（2020）立足于网络直播购物疾速发展的背景，构建了链式中介模型，证实了网络直播购物的真实性、娱乐性、可视性会经过唤醒、愉悦和信任的链式中介作用影响消费者购买意愿，而互动性会经过感知愉悦的中介作用影响消费者购买意愿。

除此之外，魏华等（2020）利用 SOR 理论建立基础研究框架，进行网络问卷与纸质问卷发放收集，通过结构方程建模分析，证实了网络零售企业的社会责任会经消费者感知质量与感知风险的链式完全中介作用，对购买意愿产生正向影响。李琪等（2020）以 SOR 理论与承诺信任理论为基础进行了社区团购行为分析，研究结果表明社区的互动性、亲近性与熟悉性特征对于信任与关系承诺会产生显著影响，团购的经济性及便利性特征会对关系承诺及满意度产生显著正向影响，消费者的信任、满意度与关系承诺会中介作用于社区团购特性与社区团购意愿及行为间的关系。胡雪松（2021）在大数据背景下对消费者行为及意愿进行研究，证实非电商平台进行的商品信息推送以及推送的商品的价值与消费者购买意愿的产生无显著关系，而线上商品信息推送的精确度、是否为电商平台推送以及推送的时效性会经由感知价值对消费者购买意愿与行为产生显著影响。石文奇等（2021）发现短视频营销已成为网络营销的重要模式，该研究着眼于服装服饰类短视频营销，借助 SOR 理论模型验证了短视频的有用性，易用性显著正向影响用户的购买意愿；感知匹配度在有用性、易用性和娱乐性刺激交易和购买意愿反应交易间存在中介作用。

（2）刺激（S）：直播可供性

"可供性"的概念最早产生于生态心理学领域，用以解释环境对于生物的意义，强调生物是通过环境提供的行动可能性来认知环境的，环境的可供性即是生物对于环境为其提供的客观物质资源的用途的感知；例如，动物并不会将火理解为一种由物质燃烧所产生的强烈氧化反应，而是既可以带来温暖又可能带来伤害的物品。由于生物与环境间存在互补性，生物处在环境中的不同位置会带来可供性的差异，故在理解和研究可供性时，也需联系环境与生物间的特定关系进行思考。

过去四十余年间，可供性的应用范畴不断拓展，概念持续延伸。

1988 年，设计学中引入"可供性"，用以对人造物的设计与个体感知间的关系进行探索。而后，Norman（2002）拓展了可供性的概念，提出感知可供性，强调无指示符号时，通过视觉观察感受到的人造物提供的行动可能性。原始的可供性概念与 Norman 所提出的感知可供性都强调可供性与"感知"，在后来的研究中，可供性和个体行为间的关系受到重视，Gaver（2012）提出可供性会激发个体行为并提供社会互动的条件，并提出技术可供性，将可供性视为从用户视角进行技术分析的工具。互联网普及后，学者也开始将可供性引入虚拟平台关系网络的研究中，衍生出功能可供性、传播可供性等新的概念，可供性趋向于被理解为个体和场景的交互间所产生的行为可能性。

在新通信技术迅速发展、用户与技术交互更为广泛的背景下，可供性也逐渐被应用到对于社交媒体的研究中。JW Treem 等（2013）研究了社交媒体在组织中的使用，依据可视化、可编辑性、可持续性、可联系性四个维度对社交媒体可供性进行了划分，探索了社交媒体可供性对于组织的可能影响。Koroleva（2017）基于对 Facebook 的研究，提出了社交媒体中的关系可供性概念，具体是指用户由于与所接触的人之间关系强度的不同而产生的对于平台功能的不同看法。Oostervink 等（2016）考察了企业社交媒体在组织知识共享方面的应用，从社交媒体可供性的视角解释了制度复杂性对于知识共享的影响。在社交媒体领域，可供性多被视作为用户与社交媒体互动间提供可能的一种形式。

直播作为一种社交媒体，融合了社交与商务的功能。故本书在对农产品直播购物场景的研究中，引入可供性，并参考可供性在社交媒体领域的概念阐述，将农产品直播可供性解释为，由农产品直播购物平台所提供的、让用户和商家间产生交易行为的可能性。

（3）机体（O）：沉浸体验

①沉浸体验的提出及发展。1975 年，匈牙利知名学者 Csikszentmihalyi 在对人们进行攀岩、阅读、舞蹈、音乐创作等活动的过程进行分析后，发现被调查者从事这些活动时，会表现出全神贯注的投入状态，忘记时间的流逝而沉浸其中，故将这种专注的状态命名为"沉浸体验"（又译作"心

流体验"），并将沉浸体验定义为"人们被活动吸引而完全投入其中时，所表现出的情绪体验"。目前，关于沉浸体验的维度构成，学界尚未形成统一的标准，部分学者对于沉浸体验度量指标的讨论，主要集中于注意集中、时间失真、感知愉悦等维度。

"沉浸体验"的概念产生后，逐渐被运用到不同领域，在研究中展现了其应用普适性。徐劲松等（2017）将沉浸体验运用到心理学等研究领域，以中国研发人员作为实证分析主体，通过深度访谈、文献发掘、问卷调查、专家访谈的形式收集资料，探讨了研发人员的心理资本结构，认为沉浸体验符合心理资本的维度。张明鑫（2021）将大学生群体作为研究对象，构建了由沉浸体验为中介变量，社会化阅读平台技术特征为因变量，用户持续使用意愿为自变量的研究模型，证实了沉浸体验在其作用机制间发挥的部分中介作用。此外，沉浸体验在实体营销环境中发挥的作用也受到关注。王安琪等认为沉浸体验会中介女装品牌卖场特征与消费者的认知和行为反馈间的关系，结合 SOR 理论构建出沉浸体验对于消费者的影响模型，经实证分析验证了其研究假设成立。

②网络环境下的沉浸体验研究。沉浸体验出现在日常生活的诸多场景中，例如运动、阅读、观影，越来越多学者证实沉浸体验在网络环境中具有重要作用。Hoffman and Novak（1996）认为，当一个人完全沉浸于在线活动中时，就可以体验到心流。Novak 等（2000）在讨论营销在计算机媒介环境中的作用时，指出交互技术会促使用户进入沉浸体验状态，并因此投入更多时间与精力。在目前的研究中，也有学者提出沉浸体验在网站交互性与营销人员所关注的消费者对于网站的产品与想法的反应间发挥中介作用，如 Guda van Noort（2012）的研究结果表明在特定网站上经历的心流过程是解释用户对于交互式品牌网站的认知、态度和行为反应的潜在机制，证明了沉浸体验在营销背景下的重要意义。Yu-Shan Su 等（2016）通过实证研究发现，线上游戏场景中，人机交互、社会交互、技能与挑战的场景特征会通过沉浸体验的中介作用，影响游戏用户的忠诚度。近年来，移动直播行业用户规模迅速增长，毛湘雅（2017）基于沉浸体验进行研究，探讨了移动视频直播用户的使用意愿产生机制。

由上文可知，沉浸体验产生于心理学领域而被广泛应用到了社会生活的众多情景中，其应用范畴甚广，在线上与线下场景中的使用均不在少数，近年来也被运用到了对直播情景的讨论中，并证实对于消费者的认知和行为发挥着影响。故本书在探讨农产品直播场景中的消费者冲动性购买意愿时，引入沉浸体验的概念，验证其在用户冲动购买意愿产生过程中的作用。

（4）反应（R）：冲动性购买意愿

①冲动性购买理论的发展。自 20 世纪 50 年代起，学界便出现了关于冲动性购买的研究，伴随研究的深入，冲动购买的定义被愈发多样化地呈现。杜邦消费者研究所认为，消费者所计划购买的商品与实际购买的商品间的区别值即为冲动购买，这一定义的出现是对冲动性购买研究的开始。早期学者认为，冲动购买是非计划性购买，两者都是指消费者购买了未在购物计划内的商品或服务。随着探究的深入，有学者质疑并提出"冲动性购买不等同于计划外购买"的观点，指出冲动购买包含在计划外购买中，但属于计划外购买的一些行为并不属于冲动购买。后来，Rook（1987）的研究结果表明，冲动性购买与非计划性购买相比，更具自发性与不考虑后果的特征，继早期探究后，外在情景刺激因素也被纳入冲动性购买的相关研究中。冲动性购买开始被视为一种源于外在刺激而突然产生对商品或服务的好感，进而进行计划之外的购买回馈的反应性行为。后来，有学者开始从消费者情感视角切入研究冲动性购买。Weinberg 等（1982）讨论了冲动购买的定义，指出冲动购买行为是一种消费者经由购物场景的刺激而产生的、情绪活跃度高、认知控制力低、反应性强的购买行为。Oliver 等（1999）认为，消费者的正负情感均有可能促成消费者的冲动购买，消费者可能为了迎合正向情感而冲动购买商品，也可能为改善负向情感而实施冲动购买。Bas Verplanken（2001）提出，冲动购买倾向与消费者人格特质密切相关，消费者的责任心、行动导向、自主性、深思熟虑等认知与情感特征均会影响其冲动购买反应。

②冲动性购买意愿。冲动性购买意愿与实际的冲动购买间既有联系也有区别。冲动性购买意愿是消费者受购物环境影响产生的、促使消费者做出冲动性购买行为的心理欲望。Beatty 等（1998）认为，冲动性购买意愿出现于冲动性购买行为之前，是消费者突发性的强烈购买意向，店内浏

览、参与冲动购买的倾向，以及购物时所体验到的积极情绪均会影响到消费者的冲动性购买意愿。

在线下购物场景中，有学者进行了关于购买场景、购物氛围等的研究。Lee Sangjung（2016）比较了中韩两国消费者的冲动购买行为，研究发现购买情景因素作为自变量，会在消费者的情绪作用下影响到其冲动性购买意愿。李立远（2013）引入卷入度的概念，进行服装商店中的消费者冲动性购买意愿研究，证实服装店的氛围会影响消费者情绪，进而影响消费者的冲动性购买意愿，卷入度在其中发挥调节作用。

在移动互联网时代，不少学者针对在线购物环境下的冲动性购买意愿展开了研究。王欢（2018）基于在线购物场景，构建了以消费者冲动性购买意愿为因变量的结构方程模型，研究证明产品多样性与冲动性购买意愿间呈负向影响的关系，即产品多样性越高，消费者的冲动性购买意愿越低，反之亦然。熊高强（2017）认为，网络环境下消费者更容易进行冲动性购买，故以淘宝"双11"购物节作为研究案例，提炼和探究了网络购物中影响消费者冲动性购买意愿的因素，发现卖家服务承诺、网店装修等因素会在不同程度上发挥影响作用。此外，也有学者基于网络中新出现的购物模式展开了对冲动性购买意愿的研究。如，吴玉兰（2014）针对网络团购模式展开研究，从个体特征与网站购买情景两个角度出发，探究二者与消费者冲动性购买意愿间的相互关系；白雪玘（2016）从生鲜电子商务的角度，分析了生鲜电子商务的产品特征、消费者个性特征、情景特征与冲动性购买意向间的联系。

（5）中庸价值观

①中庸价值观的相关理论。中华文化经历了漫长的交融发展历程，"儒""道""佛"三教对中华文化发展的贡献均不言而喻，其中，最具代表性、影响最为深远的当属儒家文化。"中庸"一词起源于《论语》，被儒家学派创始人孔子视为道德的至高点，并逐渐由内在道德原则演化为外在的行为规范。古籍《中庸》中有记载孔子的言论，并将儒家所提出的中庸解释为"掌握'过'与'不及'两种极端的意见而采纳适中的"。潘煜（2014）认为，中庸的关键是追求和谐、平衡与共生，凡事把握"度"，不走极端。中庸价值观则是以中庸思维为指导的价值观念，具有指导人们处

理与解决问题的作用。在千百年的历史发展中，代表着儒家传统的中庸价值观已深入民族脊髓，作为民族心理与中华传统文化的重要组成部分，体现了中国文化情景下的伦理道德标准与行动准则，对国人的思维与行为产生了深远的影响。杨中芳（2009）从横向、纵向、横纵混合三条研究路线出发，构建了关于中庸研究的社会心理学路线图，为传统文化价值观与社会科学研究的结合做出了有益探索。此后，陆续有学者将中庸价值观运用于管理学研究领域。

②中庸价值观与消费者行为。中庸价值观促使国人在面对抉择时多元思考，探索新知时兼容并包，也对中国消费者的行为模式产生了重要影响。当前，不乏学者将中庸价值观应用于对绿色消费的研究中。沈子平（2017）在研究新能源汽车消费者的购买问题时，证实了中国消费者的中庸价值观与新能源汽车购买意愿间存在的正向影响关系，其是将中庸价值观作为考察的自变量，探讨中庸价值观如何影响消费者的态度、感知行为控制和主观规范，进而作用于国内消费者的新能源汽车购买意愿。盛光华等（2017）从中庸价值观的角度出发，构建了中国消费者绿色购买意图的形成机制模型，其研究结果表明，消费者绿色购买意图的强弱与中庸价值观念的强弱呈正向影响关系，中国居民的生活方式在二者关系间发挥着部分中介作用，消费者的环境知识会发挥调节作用。张天舒（2017）也在中华文化背景下，对中国传统的中庸价值观与消费者的绿色消费意图间的关系进行探究，并证实了二者间的正向影响。

随着直播营销热度的上升，开始有学者探索中庸价值观在直播营销场景中对于消费者行为模式的影响。龚潇潇等（2019）在探究直播场景中的氛围线索和冲动消费意愿时，将中庸思维作为调节变量纳入研究中，结果表明，消费者的中庸思维越强，经由中介变量产生的冲动消费意愿越弱。万君等（2021）在对直播电商模式进行研究时，发现中庸思维会负向调节青年群体的冲动性购买意愿。故本书在研究农产品直播可供性所带来的沉浸体验对消费者冲动性购买意愿的作用时，考察了中庸价值观在沉浸体验与冲动性购买意愿间的调节效应。

梳理关于 SOR 理论、可供性、沉浸体验、冲动性购买意愿、中庸价值观的研究，可以发现沉浸体验在营销环境中应用广泛，可供性也出现在了社交商务领域，学界目前已有将二者与网络购买意愿相关联进行的研究，但将沉浸体验与可供性同网上冲动性购买意愿相联系的研究尚处匮乏状态。文化价值观会对消费行为产生深刻影响。以往中庸价值观多被用于组织行为学的相关研究中，近年来也有学者开始将其引入消费者行为领域进行研究，主要探究中庸价值观对于绿色消费意图的影响。我国是农业大国，在国内农产品营销领域引入本土价值观进行探究具备合理性。

4.3.1 模型构建与研究假设

中庸价值观作为中国人特有的价值观念，指导着国人日常生活，对国人的消费行为产生重要影响，但目前学界对于中庸价值观在消费者行为学中的研究起步较晚，研究成果相对较少。因此，本书将聚焦农产品直播购物场景，以直播可供性对消费者冲动购买意愿的影响为着眼点，探讨中庸价值观在农产品直播场景中对线上消费者冲动购买意愿发挥的调节作用，并通过实证分析加以验证。

本部分将以 SOR 理论为支撑，选定农产品直播营销场景，借鉴当前国内外学者的研究成果，进行农产品直播可供性的概念划分，将其划分为可视化可供性、可联系可供性与导购可供性三个维度，并以可供性作为刺激变量，将沉浸体验作为机体变量，冲动性购买意愿作为调节变量，探讨农产品直播可供性在沉浸体验的中介作用下，对于消费者冲动性购买意愿的影响。同时，立足于中华文化土壤，检验国内消费者特有的中庸价值观念在沉浸体验与冲动性购买意愿间是否发挥调节作用及其调节的方向。由此构建出农产品直播场景下的整合研究模型，见图 4-2。研究模型表示：农产品直播可供性与消费者冲动性购买意愿间正向相关；农产品直播可供性对于沉浸体验具有正向的影响作用，沉浸体验会促使消费者产生冲动性购买意愿，沉浸体验会在农产品直播可供性与冲动性购买意愿间发挥中介作用，中庸价值观会在沉浸体验与冲动性购买意愿的形成间发挥调节作用。

本书建立的理论模型如图 4-2 所示。

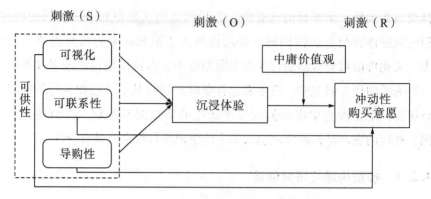

图 4-2　消费者冲动购买意愿研究理论模型图

（1）变量解释

借鉴当前国内外学者的研究成果，结合本书关于农产品直播的研究背景与研究实际，对所涉及的变量进行如下定义，如表 4-31 所示。

表 4-31　研究中各变量定义

变量名称	变量定义	参考文献
直播可供性	直播平台向买卖双方提供的进行交易行为的可能性	Dong X, et al. (2018)
可视化可供性	使顾客直观了解产品的可能性	Dong X, et al. (2018)
可联系可供性	使顾客能够就卖家对产品的展示作出回应与反馈的可能性	Dong X, et al. (2018)
导购可供性	通过提供个性化服务以帮助顾客做出购买决策的可能性	Dong X, et al. (2018)
沉浸体验	受环境所影响，用户感觉被吸引和沉浸于所在环境中的程度	Yim M Y, et al. (2017)
中庸价值观	整体视角看问题、全面思考、顾全大局、注重和谐的中国传统价值观念	吴士健等（2020）
冲动性购买意愿	在实施冲动性购买行为前自发出现的，突然想要立刻购买某种产品的强烈意愿	Beatty S E, et al. (1998)

（2）研究假设

①农产品直播可供性与冲动性购买意愿。本书将农产品直播可供性划分为可视化可供性、可联系可供性与导购可供性三个维度，其中，可视化

可供性是指农产品直播提供的、让消费者直观了解农产品的可能性，可联系可供性是指农产品直播使得消费者在观看直播的过程中能够针对卖家对产品的展示作出回应和反馈的可能性，导购可供性是指农产品直播通过提供与消费者需求相匹配的个性化服务以帮助消费者做出购买决策的可能性。可供性的特征支持用户在农产品直播平台上进行社交互动，加强买卖双方的社会联系，刺激买卖双方积极参与产品交易所需的各种行动。社会联系的增强降低了交易不确定性与交易风险，良好的社会关系也有助于提升交易效率。可视化可供性使得顾客得以看见产品的图片和信息，能够减低顾客的感知风险水平，同时提高互动的透明程度，使得顾客与卖家的互动体验感受更佳；可联系可供性为买卖双方提供了及时进行交流反馈的可能性，能够帮助双方及时解决交易过程中的相关问题，提高了双方的互动水平；导购可供性通过提供个性化的服务，能够为消费者推荐符合其需求或偏好的产品，提升消费者对交易的兴趣。产品契合消费者需求加之良好的互动体验可能促使消费者产生即时的购买冲动。因此，本书提出以下假设：

假设1：农产品直播可视化可供性对消费者冲动性购买意愿具有正向影响

假设2：农产品直播可联系可供性对消费者冲动性购买意愿具有正向影响

假设3：农产品直播导购可供性对消费者冲动性购买意愿具有正向影响

②农产品直播可供性与沉浸体验。农产品直播可供性使得顾客能够直观地看到产品和参与即时互动，卖方可以向顾客呈现更为详细的产品信息，并针对买方的需求和疑问做出快速响应；相较于传统线上商务进行农产品的静态展示，直播的交互性与生动性更为明显，使得顾客在浏览农产品直播的过程中保持较高的专注度。有研究指出，交互技术会促使用户沉浸其中，并因此投入更多时间与精力。买卖双方在农产品直播交流中感受到的交互性增强，会促使双方仿佛置身现实的交流场景中，产生身临其境、与现实世界接轨的感觉；买卖场景的生动性增加，会使得顾客更易进入农产品直播所构建的场景中，产生全神贯注的体验感受。

Csikszentmihalyi（1975）指出人们忘记时间的流逝而沉浸一项事物中的全神贯注的投入状态即是沉浸体验。Barhorst J B（2021）将人们全神贯注于一项活动、注意力集中在活动上视作判断沉浸体验的重要指标。故本书提出以下假设：

假设4：农产品直播可视化可供性对沉浸体验具有正向影响

假设5：农产品直播可联系可供性对沉浸体验具有正向影响

假设6：农产品直播导购可供性对沉浸体验具有正向影响

③沉浸体验与消费者冲动性购买意愿。沉浸体验意味着在一项活动上全神贯注的投入令人们感受到愉悦和兴奋。Beatty（1998）在研究中指出，消费者在浏览在线商店时的感知愉悦程度会影响其冲动购买意愿。魏守波等（2012）的研究验证了消费者的沉浸状态会受虚拟氛围要素影响，进而引发其冲动购买意向。此外也有研究证实，在直播环境下，由场景氛围线索所引发的心流体验会促使消费者产生冲动消费意愿。可知，关于沉浸体验与冲动性购买意愿间的关系已有以往的研究支持，本书将进一步探讨农产品直播场景中二者的关系。由此，本书提出以下假设：

假设7：沉浸体验对消费者冲动性购买意愿具有正向影响

④沉浸体验的中介作用。在SOR理论中，环境刺激被视作S，个体认知被视作O，反应表现被视作R。有学者在探究服装网络直播购物现象时，基于SOR理论构建了研究模型，验证了服装网络直播的娱乐性、互动性、可视化等外在刺激因素会作用于消费者的愉悦感和唤醒感，从而对消费者的冲动性购买意愿产生显著正向影响。当前研究中，沉浸体验多被用作中介变量以探讨消费者购买意愿产生的作用机制。例如毛湘雅（2017）在研究中以沉浸体验作为中介变量，分析了移动视频直播的用户使用意愿产生机制；国外学者在研究网站的交互性与消费者对于交互网站的反应机制时，验证了沉浸体验所发挥的中介作用。因此，本书提出如下假设：

假设8：沉浸体验在农产品直播可视化可供性与消费者冲动性购买意愿间存在中介作用

假设9：沉浸体验在农产品直播可联系可供性与消费者冲动性购买意愿间存在中介作用

假设10：沉浸体验在农产品直播导购可供性与消费者冲动性购买意愿

间存在中介作用

⑤中庸价值观的调节作用。目前关于中庸价值观的研究多集中于组织行为学领域,探究中庸思维对员工创新行为、管理气氛、管理者决策等的影响,而应用于消费者行为学中的尚少。国外有学者研究指出,社会文化会作用于消费者行为,影响消费欲望,并且消费者购买行为受各区域的文化因素影响。中庸价值观是中华民族的传统价值观念,根植于中华文化的脉络中,指导着国人的生活方式与行为决策。关于冲动性消费行为的研究印证了思维调节会抑制冲动购买倾向所产生的负面影响;一般而言,中庸思维越强,对环境变化的敏感度越高,越能审时度势,调整方向,做出深思熟虑的思考决策。万君等(2021)探究了中庸思维对青年群体冲动购买产生的调节作用,证实在直播电商模式下,中庸思维会负向调节青年群体冲动购买倾向。故本书做出以下假设:

假设11:中庸价值观负向调节沉浸体验与消费者冲动性购买意愿间的关系

4.3.2　实证设计

(1) 相关变量

本书对于变量的测量参考以往学者在研究中所提出的经典量表,所选量表均源自以往相关高水平研究成果,选用成熟量表会拥有较高的测量质量,能够确保恰当地度量它们所代表的概念和变量,有利于确立调查数据的可信度、稳定性和准确性,避免被质疑的风险。但当使用源自西方的量表时,由于中国文化和研究场景的独特性,可能会存在文化与情景的局限性,故本书将结合中国消费者的农产品直播购物这一具体研究场景,对量表进行改编。为保证本书的问卷测量题项通俗易懂,在完成题项设计后,研究者邀请10名农产品直播购物消费者进行了问卷语句检查,并邀请国内研究电子商务领域的教授进行了问卷审阅与校正。

①农产品直播购物可供性的测量。参考Sun等(2019)的研究,本书将农产品直播购物可供性划分为可视化、可联系性、导购性三个维度;关于农产品直播购物可供性的测量,选定Sun(2019)、Dong(2018)等开发的关于直播购物可供性的量表,将其翻译成中文,并运用到中国情景中

来进行数据搜集与分析，如表4-32所示。

表4-32　可供性的测量题项及参考来源

变量名称		测量题项	参考来源
可供性 （A）	可视化 （VIA）	VIA1："农产品直播"为我提供了详细的农产品图片和视频信息	
		VIA2："农产品直播"使我能够了解农产品的相关特性	
		VIA3："农产品直播"让我可以看到如何食用或使用农产品	
		VIA4："农产品直播"可以帮助我想象真实世界中的农产品	
	可联系性 （MEA）	MEA1："农产品直播"让我可以评论农产品	Sun, et al., （2019）
		MEA2：实时的"农产品直播"让我能够对卖家关于农产品的展示和说明做出回应	
		MEA3："农产品直播"让我能够和卖家针对农产品进行看法交流	
		MEA4："农产品直播"让我可以加入到卖家关于农产品的讨论中	Dong and Wang （2018）
		MEA5："农产品直播"让我可以与卖家分享农产品购物经历	
	导购性 （GUA）	GUA1："农产品直播"可以为我提供我打算购买的农产品的信息	
		GUA2："农产品直播"可以帮助我明确自己对农产品的需求	
		GUA3："农产品直播"可以帮助我确定哪些农产品特性最适合我的需求	
		GUA4："农产品直播"可以根据我的需求为我提供个性化的农产品推荐服务	

②沉浸体验的测量。沉浸体验的量表借鉴 Yan 等（2013）在研究中所开发的测量表项，如表4-33所示。其研究基于虚拟现实场景，与本书基于直播场景的研究有一定相似性。

表4-33　沉浸体验的测量题项及参考来源

变量名称	测量题项	参考来源
沉浸体验（IE）	IE1：当观看"农产品直播"时，我感到时间过得太快	Yan et al.,（2013）
	IE2：当观看"农产品直播"时，我感到好奇和享受	
	IE3：当观看"农产品直播"时，我不会考虑其他事情	
	IE4：当观看"农产品直播"时，我会沉浸其中	

　　③冲动性购买意愿的测量。Beatty（1998）的研究提出了驱动冲动性购买的模型，由此开发了冲动消费意愿的测量量表。国内学者龚潇潇（2019）在研究直播场景中的消费者购买意愿时，引用了该量表；胡世杰（2019）在探究线上促销对于冲动购买的影响时，也依托该量表进行了问卷设计。本书基于直播场景与上述研究的相似性，也采用该经典量表进行改编，如表4-34所示。

表4-34　冲动性购买意愿的测量题项及参考来源

变量名称	测量题项	参考来源
冲动性购买意愿（IBI）	IBI1：在观看"农产品直播"过程中，我产生了突然而强烈的购买欲望	Beatty et al.（1998）
	IBI2：当看到"农产品直播"时，我就想立即拥有该农产品	
	IBI3：我发现了很多之前没有计划购买，但看到主播推荐后又很想购买的农产品	
	IBI4：看到主播推荐农产品，我就觉得是我想要的	

　　④中庸价值观的测量。中庸价值观是国人特有的传统价值观，故在对中庸价值观进行测量时，本书选取国内学者潘煜等（2014）基于本土文化背景的消费者价值观研究而开发出的测量量表，该量表在国内对中庸价值观的研究中得到了广泛的应用，具有较高的可信度，如表4-35所示。

表4-35 中庸价值观的测量题项及参考来源

变量名称	测量题项	参考来源
中庸价值观（VM）	VM1：我认为做事应掌握分寸，不走极端，考虑他人意见	潘煜等（2014）
	VM2：我认为凡事应以和为贵，尽量不与其他人起冲突	
	VM3：对我而言，良好的人际关系比自身取得成绩更重要	
	VM4：发生争执时，我会尝试在自身与他人的意见中找寻平衡点	

（2）问卷设计与预调研

①问卷设计。本书共涉及可视化可供性、可联系可供性、导购性可供性、沉浸体验、冲动性购买意愿、中庸价值观六个变量，为验证变量间的关系推论，本书采用问卷调查的方式获取样本数据。本书采用李克特（Likert）7级量表进行问卷题项计分，其中，填答者选择"1"代表填答者对该题项描述内容的态度为"非常不同意"，选择"7"则代表"非常同意"该题项的描述。具体判别指标如表4-36所示。

表4-36 李克特7级量表对应含义

填答者选择	对该题项所描述内容的态度
7	非常同意
6	同意
5	比较同意
4	中立
3	比较不同意
2	不同意
1	非常不同意

本书所设计的问卷由三个部分组成，第一部分为问卷的标题、前言及目标人群判断，共涉及1个题项，判断填答者是否使用过农产品直播购物，使用过的填答者方为调查的目标用户；第二部分即问卷的主体部分，涉及

六个变量的测量，共包含 27 个题项，其中包括一道反向甄别题与一道选择甄别题；第三部分即人口学变量信息统计部分，进行问卷填答者的个人基本信息收集，题项内容包括填答者的性别、年龄、月均可支配收入、使用农产品直播购物的时长及频率。研究将通过"问卷星"平台进行线上问卷的设计，故预调研也采用"问卷星"平台制作问卷。"问卷星"是国内常用的问卷设计及在线调查平台，提供了问卷设计的基本功能项，在该平台上设计问卷便捷高效，其构建的问卷星社区也可供研究者进行问卷发放。

预调研问卷设计完成后，我们主要通过微博、微信等社交网站进行发布，5 天时间内，共计回收 156 份问卷，其中有效问卷 120 份，有效率为 76.92%。

②预调研信度检验。本书先对预调研所收集问卷的各个变量的信度进行检验，以确保测量结果的一致性、稳定性及可靠性；信度越高，测量结果出现随机波动的可能性就越小。本书中通过 SPSS 数据分析计算各变量题项的 Cronbach's Alpha 值与 CITC 值以检验各变量的信度。一般而言，Cronbach's Alpha 值在 0~1 之间且达到 0.7 即可证明题项信度良好，低于 0.7 则说明其信度较差，Cronbach's Alpha 值越接近 1，其信度越高，而 CITC 值一般需大于 0.5。根据表 4-37 所示数据分析结果，测量题项中，MEA5 的 Cronbach's Alpha 值为 0.897，高于标准化后的 Cronbach's Alpha 值 0.834，CITC 值为 0.201，低于 0.5，应予以删除；进行量表修正后，所有变量的 Cronbach's Alpha 值均大于 0.7，证明该量表具有良好的信度，适宜进行大样本的数据收集。

表 4-37　各分量表信度分析

变量	题项	校正的项总计相关性（CITC）	项已删除的 Cronbach's Alpha 值	基于标准化项的 Cronbach's Alpha 值
可视化（VIA）	VIA1	0.739	0.77	
	VIA2	0.589	0.828	0.840
	VIA3	0.612	0.819	
	VIA4	0.783	0.747	

表4-37(续)

变量	题项	校正的项总计相关性（CITC）	项已删除的Cronbach's Alpha 值	基于标准化项的Cronbach's Alpha 值
可联系性（MEA）	MEA1	0.746	0.729	
	MEA2	0.702	0.703	
	MEA3	0.764	0.675	0.834
	MEA4	0.698	0.7	
	MEA5	0.201	0.897	
可联系性（修正后）	MEA1	0.759	0.892	
	MEA2	0.787	0.86	
	MEA3	0.835	0.843	
	MEA4	0.788	0.862	
导购性（GUA）	GUA1	0.796	0.893	
	GUA2	0.804	0.892	0.92
	GUA3	0.838	0.888	
	GUA4	0.82	0.885	
沉浸体验（IE）	IE1	0.83	0.91	
	IE2	0.846	0.905	0.937
	IE3	0.854	0.909	
	IE4	0.869	0.911	
冲动性购买意愿（IBI）	IBI1	0.676	0.777	
	IBI2	0.667	0.781	0.83
	IBI3	0.613	0.805	
	IBI4	0.675	0.777	
中庸价值观（VM）	VM1	0.57	0.811	
	VM2	0.733	0.735	0.831
	VM3	0.7	0.769	
	VM4	0.647	0.777	

表 4-38 为对量表整体信度的分析，由表 4-38 可知，25 个题项的整体信度为 0.948，达到极好标准，可说明量表整体信度高。

表 4-38　量表整体信度

可靠性统计量		
Cronbach's Alpha	基于标准化项的 Cronbach's Alpha	项数
0.908	0.948	25

③预调研效度检验。本书通过探索性因子分析的方法检验预调研题项的效度。在进行因子提取分析前，利用统计分析软件计算各题项的 KMO 与 Bartlett 值。一般而言，KMO 值大于 0.7 且 Bartlett 检验显示的显著性小于 0.05 即可证明题项效度良好，适宜进行因子分析。表 4-39 显示了进行题项修正后的预调研量表的 KMO 与 Bartlett 值检验结果。KMO 值为 0.910，取值在 0~1 之间且大于 0.7，显著性数值无限接近于 0，说明效度良好，适合进行因子分析。

表 4-39　效度检验表

KMO 和 Bartlett 值的检验		
	取样足够度的 Kaiser-Meyer-Olkin 度量	0.910
Bartlett 的球形度检验	近似卡方	2 202.332
	Df（自由度）	276
	Sig.（显著性）	0.000

随后，针对各题项进行主成分分析，共提取 6 个主成分，图 4-3 为提取主成分的碎石图结果，其中横坐标轴是成分数，纵坐标轴是特征值。由图 4-3 可知，曲线在"7"附近趋于平缓，可见提取 5~7 个因子是较为合理的。

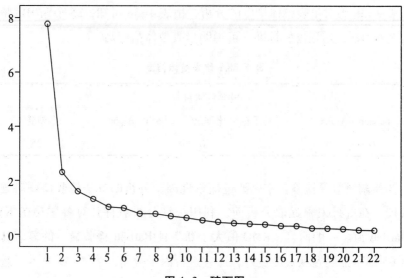

图4-3　碎石图

由表4-40可知，提取6个公因子后，旋转平方和达到74.529%，说明6个公因子即可有效解释测量题项；第一个因子的旋转平方和载入小于40%，说明不存在严重的共线性问题。

表4-40　解释总方差

成分	初始特征值			提取平方和载入			旋转平方和载入		
	合计	方差的百分比/%	累积百分比/%	合计	方差的百分比/%	累积百分比/%	合计	方差的百分比/%	累积百分比/%
1	11.298	45.194	45.194	11.298	45.194	45.194	3.701	14.803	14.803
2	2.649	10.595	55.788	2.649	10.595	55.788	3.232	12.929	27.732
3	1.500	6.002	61.79	1.500	6.002	61.79	3.165	12.658	40.39
4	1.215	4.859	66.649	1.215	4.859	66.649	2.993	11.971	52.362
5	1.031	4.123	70.772	1.031	4.123	70.772	2.816	11.266	63.628
6	0.939	3.757	74.529	0.939	3.757	74.529	2.725	10.901	74.529
7	0.803	3.211	77.74	—	—	—	—	—	—
8	0.698	2.791	80.531	—	—	—	—	—	—
9	0.595	2.381	82.912	—	—	—	—	—	—

表4-40（续）

成分	初始特征值			提取平方和载入			旋转平方和载入		
	合计	方差的百分比/%	累积百分比/%	合计	方差的百分比/%	累积百分比/%	合计	方差的百分比/%	累积百分比/%
10	0.553	2.211	85.122	—	—	—	—	—	—
11	0.455	1.818	86.94	—	—	—	—	—	—
12	0.436	1.744	88.685	—	—	—	—	—	—
13	0.393	1.57	90.255	—	—	—	—	—	—
14	0.312	1.247	91.502	—	—	—	—	—	—
15	0.309	1.238	92.74	—	—	—	—	—	—
16	0.291	1.166	93.906	—	—	—	—	—	—
17	0.241	0.963	94.869	—	—	—	—	—	—
18	0.231	0.924	95.793	—	—	—	—	—	—
19	0.208	0.831	96.624	—	—	—	—	—	—
20	0.188	0.752	97.376	—	—	—	—	—	—
21	0.17	0.679	98.055	—	—	—	—	—	—
22	0.16	0.639	98.694	—	—	—	—	—	—
23	0.122	0.486	99.181	—	—	—	—	—	—
24	0.118	0.472	99.652	—	—	—	—	—	—
25	0.087	0.348	100	—	—	—	—	—	—

提取方法：主成分分析法。

测量同一维度上各指标的聚合程度时，因子载荷量是重要的评判标准。一般而言，同一维度的指标在同一成分上的因子载荷量越大，且在其他成分上的因子载荷量越小，则说明该测量指标的内部结构越清晰，总体结构效度达标。经表4-41旋转矩阵与累计方差解释率分析，所得数据与预期吻合，即各变量对应题项的因子载荷系数值均大于0.5，说明各题项与变量间对应关系佳，题项能够较好地代表其所测量的变量。量表累计方差解释率高于0.6，说明其效度良好，符合因子分析要求。

表4-41　旋转成分矩阵及累计方差解释率

变量名称	题项	成分1	成分2	成分3	成分4	成分5	成分6
可视化（VIA）	VIA1	0.181	0.035	0.145	0.208	0.233	0.828
	VIA2	0.049	0.149	0.306	0.233	0.348	0.518
	VIA3	0.034	0.48	0.155	0.29	0.126	0.569
	VIA4	0.174	0.191	0.162	0.181	0.162	0.827
可联系性（MEA）	MEA1	0.05	0.037	0.212	0.853	0.132	0.214
	MEA2	0.175	0.222	0.221	0.719	0.245	0.27
	MEA3	0.235	0.319	0.187	0.761	0.161	0.19
	MEA4	0.177	0.441	0.066	0.699	0.294	0.145
导购性（GUA）	GUA1	0.176	0.228	0.719	0.261	0.259	0.295
	GUA2	0.297	0.397	0.678	0.227	0.128	0.099
	GUA3	0.259	0.251	0.786	0.149	0.111	0.221
	GUA4	0.369	0.312	0.607	0.192	0.298	0.192
沉浸体验（IE）	IE1	0.242	0.653	0.311	0.328	0.198	0.217
	IE2	0.304	0.648	0.371	0.262	0.204	0.219
	IE3	0.354	0.662	0.382	0.261	0.231	0.089
	IE4	0.331	0.694	0.39	0.203	0.109	0.145
冲动性购买意愿（IBI）	IBI1	0.724	0.054	0.357	0.216	-0.113	0.032
	IBI2	0.813	0.316	-0.014	0.062	-0.002	0.091
	IBI3	0.679	0.113	0.341	0.096	0.047	0.054
	IBI4	0.799	0.124	0.123	0.095	0.064	0.197
中庸价值观（VM）	VM1	-0.016	-0.153	0.302	0.163	0.7	0.246
	VM2	0.026	0.127	0.085	0.167	0.866	0.021
	VM3	-0.074	0.427	0.035	0.086	0.72	0.268
	VM4	0.069	0.209	0.109	0.184	0.704	0.213
累计方差解释率				76.503			

4.3.3 实证分析

（1）问卷发放与数据收集

通过对预调研结果的分析，我们就原始问卷进行了修正并得到了最终发放的正式问卷。填答正式问卷时，填答者需首先回答"是否观看过农产品直播购物"，未观看过的填答者的答卷将不被列为有效问卷；同时，问卷设置反向测试题与甄别题来对填答者的作答认真程度进行检验，未通过检验的问卷均被剔除；对答题时间过短的问卷也予以排除。正式问卷收集历时 23 天，通过问卷星社区、见数、微博、微信、QQ、豆瓣六个网络平台进行发放，共收集得到问卷 527 份。由于我们将每个题项均设置为"必填项"，故收集所得问卷中不存在漏填题目的情况。经反向题、甄别题、答题时长、答案分布是否具备明显规律性等判断，剔除无效问卷 154 份，最终得到 373 份有效问卷，有效率为 70.78%。具体如表 4-42 所示。

表 4-42 问卷发放及回收情况

收集数量	有效问卷数量	有效率	无效问卷数量	无效率
527 份	373 份	70.78%	154 份	29.22%

（2）描述性统计分析

本书收集的所有有效问卷样本中，男性占比 42.9%，女性占比 57.1%，男女比例基本平衡；各年龄层均有覆盖，以 20~39 岁的中青年群体为主，此类群体也是使用农产品直播购物的主体；大部分填答者（87.6%）的学历水平在本科及以上，填答者整体文化水平较高；月均可支配收入总体分布较为均匀，由于填答群体中学生党占据相当一部分，故月均可支配收入 3 000 元及以下的相对较多；使用"农产品直播"的时长多为 6 个月至 1 年或 6 个月以下，有约 10% 的调查群体的使用时长达到 2 年以上；有一半以上的填答者使用农产品直播的频率为月均 1~3 次，少量填答者（7%）的使用频率达到月均 9 次以上。样本在各统计内容项上分布较为均匀，具有广泛性与代表性。问卷样本人口统计信息具体如表 4-43 所示。

表 4-43　人口学变量描述性统计

统计内容	统计项目	样本数量	百分比/%
性别	男	160	42.90
	女	213	57.10
年龄	20 岁以下	10	2.70
	20~29 岁	250	67
	30~39 岁	81	21.70
	40~49 岁	22	5.90
	50 岁及以上	10	2.70
学历	普高、中专、职高及以下	14	3.80
	大专	32	8.60
	本科	285	76.30
	硕士	36	9.70
	博士	6	1.60
月均可支配收入/元	1999 及以上	89	23.80
	2000~2999	77	20.60
	3000~3999	53	14.20
	4000~4999	48	12.90
	5000~5999	31	8.30
	6000~6999	36	9.70
	7000~7999	17	4.60
	8000 及以上	22	5.90
"农产品直播"购物经验	6 个月以下	96	25.70
	6 个月~1 年	110	29.50
	1 年以上~1.5 年	70	18.80
	1.5 年以上~2 年	57	15.30
	2 年以上	40	10.70

表4-43(续)

统计内容	统计项目	样本数量	百分比/%
"农产品直播" 月均使用频次	1~3次	203	54.40
	4~6次	104	27.90
	7~9次	40	10.70
	9次以上	26	7
合计		373	100

（3）信度检验

信度可以理解为一个理论构念的真实分数在测验总体得分中的占比，是用以评价问卷测量结果的稳定性、可靠性及一致性的指标。一般而言，真实分数占比越大，则理论构念样本与测验总体间的差异越小，问卷可信度越高。本书利用计量分析软件对问卷进行信度分析，主要的参考标准为组织管理研究中常用的 Cronbach's Alpha 值。一般而言，Cronbach's Alpha 值达到0.7，说明量表信度足够，Cronbach's Alpha 值大于0.8说明量表信度非常好，大于0.9说明量表信度极好。根据表4-44显示的信度测量结果，本书总量表的 Cronbach's Alpha 值大于0.9，各分量表的 Cronbach's Alpha 值均大于0.8，说明量表可信度高。此外，分量表中各题项的项已删除的 Cronbach's Alpha 值均小于各对应分量表的 Cronbach's Alpha 值，说明题项设计合理，不需要剔除。

表4-44　信度检验

变量	题项	校正的项 总计相关性	项已删除的 Cronbach's Alpha 值	基于标准化项的 Cronbach's Alpha 值
可视化 （VIA）	VIA1	0.719	0.738	
	VIA2	0.577	0.796	0.821
	VIA3	0.598	0.787	
	VIA4	0.689	0.751	

表4-44(续)

变量	题项	校正的项总计相关性	项已删除的Cronbach's Alpha 值	基于标准化项的Cronbach's Alpha 值
可联系性（MEA）	MEA1	0.758	0.890	
	MEA2	0.813	0.860	
	MEA3	0.810	0.861	0.906
	MEA4	0.777	0.874	
导购性（GUA）	GUA1	0.794	0.886	
	GUA2	0.817	0.880	
	GUA3	0.811	0.887	0.915
	GUA4	0.798	0.885	
沉浸体验（IE）	IE1	0.770	0.895	
	IE2	0.815	0.880	
	IE3	0.813	0.881	0.918
	IE4	0.841	0.883	
冲动性购买意愿（IBI）	IBI1	0.743	0.844	
	IBI2	0.733	0.847	
	IBI3	0.731	0.848	0.880
	IBI4	0.751	0.839	
中庸价值观（VM）	VM1	0.579	0.790	
	VM2	0.718	0.725	
	VM3	0.674	0.764	0.822
	VM4	0.618	0.774	
总量表		0.944		

（4）效度检验

探索性因子分析与验证性因子分析是常见的评价量表内部效度的方

式。对于首次提出的量表，一般通过探索性因子分析对多元观测变量进行结构划分，而对于成熟量表，则普遍经由验证性因子分析检验是否与研究设计相符。本书量表是参考以往学者在研究中所提出的成熟量表，放置于本书场景下改编而得的，为确保量表的效度，笔者在预调研中通过主成分分析法进行了问卷检验，并就正式问卷所得数据同时进行了探索性因子分析与验证性因子分析。

①探索性因子分析。本书利用计量分析软件对量表进行探索性因子分析，进行效度判别时所参考的主要指标为 KMO 值与 Bartlett's 球形检验所得数值。由表 4-45 可见，各分量表的 KMO 值均大于 0.7，累积方差解释率大于 60%，表明其效度良好，适合进行因子分析。

表 4-45　探索性因子分析

变量	KMO 值	Bartlett's 球形检验	
可供性（VIA）	0.788	近似卡方	532.849
		df	6
		显著性	0.000
累积方差解释率		65.274%	
可联系性（MEA）	0.845	近似卡方	957.906
		df	6
		显著性	0.000
累积方差解释率		78.063%	
导购性（GUA）	0.855	近似卡方	1023.602
		df	6
		显著性	0.000
累积方差解释率		79.660%	
沉浸体验（IE）	0.849	近似卡方	1072.972
		df	6
		显著性	0.000
累积方差解释率		80.269%	

表4-45(续)

变量	KMO 值	Bartlett's 球形检验	
冲动性购买意愿（IBI）	0.826	近似卡方	766.102
		df	6
		显著性	0.000
累积方差解释率		73.495%	
中庸价值观（VM）	0.772	近似卡方	532.789
		df	6
		显著性	0.000
累积方差解释率		65.306%	

②验证性因子分析。验证性因子分析用以观察测试的指标与假设理论测量模型间的匹配度，若抽样所得的数据与假设理论模型间匹配度良好，则可说明测验的构念效度佳。本书通过结构方程相关软件构建模型进行验证性因子分析。验证性因子分析主要包含的内容有结构效度分析、聚敛效度分析与区分效度分析。笔者依次对上述效度涉及的指标进行了检测。

关于结构效度，一般参考模型计算得出的 X^2/df、RMSEA、GFI、IFI、NFI、TLI、CFI、PGFI、PNFI 值，计算结果如表 4-46 所示。由表 4-46 检验结果可知，模型数据的 X^2/df 值为 2.366，小于 3，RMSEA 值为 0.061，小于 0.8，GFI 值为 0.885，大于 0.7 且接近 0.9，IFI、NFI、TLI、CFI 均大于 0.9，PGFI、PNFI 均大于 0.5，以上数据均达到适配度佳或可接受标准，说明模型与数据整体适配度良好，适宜进行下一步分析。

表 4-46　结构效度检验结果

适配度指标		可接受指标	适配佳指标	测量结果
绝对适配度	X^2/df	<5	<3	2.366
	RMSEA	<0.10	<0.8	0.061
	GFI	[0.7, 0.9)	>0.9	0.885
增值适配度	IFI	[0.7, 0.9)	>0.9	0.948
	NFI	[0.7, 0.9)	>0.9	0.913

表4-46(续)

适配度指标		可接受指标	适配佳指标	测量结果
简约适配度	TLI	[0.7, 0.9)	>0.9	0.939
	CFI	[0.7, 0.9)	>0.9	0.947
	PGFI	>0.5		0.699
	PNFI	>0.5		0.784

聚敛效度是指以不同方式测量的同一结构的得分之间的相关程度。由于同一变量的各题项所反映的构念相同，题项的测量分数间应该具有高度相关性。一般以标准化因子载荷值介于 0.6 至 0.95，AVE 值大于 0.5，以及组合信度大于 0.8 作为聚敛效度良好的判别指标。表 4-47 为本书中通过验证性因子分析得到的聚敛效度相关指标。可供性（可视化、可联系性、导购性）、沉浸体验、冲动性购买意愿、中庸价值观在内的各潜变量所对应的题项的标准化因子载荷值位于 0.653 至 0.877，均大于 0.6；AVE 值均大于 0.5，介于 0.543 3 至 0.737 9；组合信度均大于 0.8，位于 0.825 3 至 0.918 4。以上数据检验结果说明模型具有良好的聚敛效度。

表 4-47　聚敛效度指标检验

路径	Std. Estimate	Estimate	S. E.	C. R.	P	AVE	组合信度
VIA1<---VIA	0.787	1					
VIA2<---VIA	0.659	0.896	0.072	12.502	* * *		
VIA3<---VIA	0.68	0.925	0.071	12.947	* * *	0.545 1	0.826 2
VIA4<---VIA	0.815	1.4	0.09	15.612	* * *		
MEA4<---MEA	0.832	1					
MEA3<---MEA	0.874	1.057	0.051	20.561	* * *		
MEA2<---MEA	0.872	1.05	0.051	20.48	* * *	0.706 6	0.905 8
MEA1<---MEA	0.781	0.674	0.039	17.43	* * *		

表4-47(续)

路径	Std. Estimate	Estimate	S. E.	C. R.	P	AVE	组合信度
GUA4<---GUA	0.855	1					
GUA3<---GUA	0.841	0.778	0.038	20.461	* * *		
GUA2<---GUA	0.871	1.059	0.049	21.703	* * *	0.728 2	0.914 6
GUA1<---GUA	0.846	0.924	0.045	20.635	* * *		
IBI4<---IBI	0.818	1					
IBI3<---IBI	0.799	0.991	0.059	16.886	* * *		
IBI2<---IBI	0.779	1	0.061	16.359	* * *	0.641 4	0.877 3
IBI1<---IBI	0.807	0.904	0.053	17.102	* * *		
VM4<---VM	0.696	1					
VM3<---VM	0.79	1.655	0.127	13.032	* * *		
VM2<---VM	0.799	1.244	0.095	13.128	* * *	0.543 3	0.825 3
VM1<---VM	0.653	0.91	0.082	11.116	* * *		
IE4<---IE	0.865	1					
IE3<---IE	0.868	1.392	0.062	22.328	* * *		
IE2<---IE	0.877	1.375	0.06	22.751	* * *	0.737 9	0.918 4
IE1<---IE	0.825	1.245	0.061	20.376	* * *		

注：VIA：可视化可供性；MEA：可联系可供性；GUA：导购可供性；IE：沉浸体验；VM：中庸价值观；IBI：冲动性购买意愿。

对不同构念进行测量时，所得到的测量数值应具有一定的区分度。研究中普遍通过区分效度的指标来检验测量的构念是否与不在测量范围内的构念具备合理的相关性与足够的区分度，一般以相关系数绝对值<0.5且小于对应AVE值的平方根作为判别指标。模型检验所得到的区分效度指标如表4-48所示。

由表4-48可知，***代表各变量在0.001双侧水平上显著相关，相关性系数的绝对值均小于0.5且均小于所对应的AVE值的平方根，表明各潜变量间既具一定相关性也具有足够的区分度，量表整体数据区分效度理想。

表 4-48 区分效度指标检验

	VIA	MEA	GUA	IE	VM	IBI
VIA	0.5451—	—	—	—	—	—
MEA	0.049***	0.7066				
GUA	0.052***	0.079***	0.7282			
IE	0.038***	0.058***	0.063***	0.6414		
VM	0.032***	0.049***	0.052***	0.037***	0.5433	
IBI	0.041***	0.063***	0.07***	0.052***	0.038***	0.7379
AVE 平方根	0.738	0.841	0.853	0.801	0.737	0.859

注：VIA：可视化可供性；MEA：可联系可供性；GUA：导购可供性；IE：沉浸体验；VM：中庸价值观；IBI：冲动性购买意愿。

经过问卷样本应用于模型中的验证性因子分析，可见研究所构建模型的结构效度、聚敛效度与区分效度均较为理想，与研究者的设计相符，满足进一步进行分析的要求。

（5）相关性分析

在进行实证分析时，通常都需先进行相关性分析以验证变量间的相关程度，以此作为后文实证分析的基础。本书通过对各变量皮尔逊（Pearson）相关系数的分析来测算各维度间的相关程度。根据以往研究，关联度的显著性为*即可说明变量在0.05的双侧水平上显著相关，显著性为**可说明在0.01的双侧水平上，变量显著相关；Pearson系数为正即为正相关，系数为负即为负相关。依据相关性分析结果，可供性的三个维度（可视化、可联系性、导购性）、沉浸体验、中庸价值观与冲动性购买意愿在99%的置信水平上显著相关，其中可视化、可联系性、导购性、沉浸体验与冲动性购买意愿间为正向相关关系，中庸价值观与冲动性购买意愿间呈现负向相关关系。如表4-49所示。

表 4-49　各维度间相关性分析

变量	相关性	IBI	VIA	MEA	GUA	IE	VM
IBI	皮尔森（Pearson）相关	1—	—	—	—	—	—
VIA	皮尔森（Pearson）相关	0.252**	1	—	—	—	—
MEA	皮尔森（Pearson）相关	0.281**	0.564**	1	—	—	—
GUA	皮尔森（Pearson）相关	0.306**	0.573**	0.601**	1	—	—
IE	皮尔森（Pearson）相关	0.394**	0.639**	0.651**	0.708**	1	—
VM	皮尔森（Pearson）相关	-0.179**	0.425**	0.453**	0.464**	0.470**	1

注：**代表相关性在 0.01 双侧水平上显著。

（6）多重共线性检验

所谓共线性，即指自变量之间存在高度相关性。当共线性过高时，一个变量的出现会使得另一变量的回归系数误差增大，影响回归分析的结论，故在构建回归模型时，要先排除共线性问题。研究中常用方差膨胀因子的标准来进行共线性排除。当方差膨胀因子 VIF 的数值大于 20 时，可认为该回归模型存在严重共线性问题；当 VIF 数值大于 10，应认为该模型存在共线性；当 VIF 小于 5 时，该回归模型应被认为基本不存在共线性问题。由表 4-50 可知，各变量的 VIF 值均小于 3，可认为本书各变量间基本不存在共线性问题。

表 4-50　系数及观测变量 VIF 值

模型		非标准化系数		标准化系数 Beta	显著性	共线性统计	
		B	标准错误			允差	VIF
1	（常量）	15.54	1.511		0		
	VIAA	0.069	0.082	0.049	0.395	0.531	1.881
	MEAA	0.135	0.062	0.129	0.03	0.503	1.99

表4-50(续)

模型	非标准化系数		标准化系数 Beta	显著性	共线性统计	
	B	标准错误			允差	VIF
GUAA	0.16	0.07	0.145	0.022	0.442	2.26
IEE	0.442	0.072	0.422	0	0.375	2.669
VMM	−0.633	0.06	−0.524	0	0.713	1.403

注：VIA：可视化可供性；MEA：可联系可供性；GUA：导购可供性；IE：沉浸体验；VM：中庸价值观；IBI：冲动性购买意愿。

（7）共同方法偏差检验

本书为避免产生共同方法偏差，在问卷设计的过程中，设置了反向测试题进行偏差排除，同时，选取不同时间段发放问卷，尽量减少由题目特征与测量时间所带来的偏差；但由于问卷调查数据的获取均采用网络发放、被测者自我填答的收集形式，具有来自于相同的测量环境（网络）、共同的测量来源（同一问卷评分人）以及指标本身特性等可能造成测量结果共变性的影响因素，不排除测量结果存在共同方法偏差的可能。故本书在验证性因子分析的基础上，通过潜在误差变量控制法，构建了双因子模型进行检验。在测量共同方法偏差的几种常用方法中，潜在误差变量控制法由于具有控制方法效应的作用，且有严格的判定指标，故而是目前用于偏差检验的研究方法里较为严谨的一种。本书考虑利用双因子模型来进行检验。双因子模型是基于前文所构建的验证性因子分析模型，添加共同方法偏差的潜在变量所构建的模型，通过对新模型的拟合指数比较，判定加入共同方法偏差变量后，拟合指标是否相较于原模型指标显著变好。判断标准为，TLI 与 CFI 变化不超过 0.1，SRMR 与 RMSEA 的变化不超过 0.05，即可说明无明显的共同方法偏差问题；若变化超过该指标，即存在显著差异，则说明具有明显的共同方法偏差。模型测量数据如表 4-51 所示。

由表 4-51 可知，原始模型与双因子模型的 $\Delta X^2/df = 0.114$，数值较小，$\Delta RMSEA = 0.003 < 0.01$、$\Delta SRMR = 0.0044 < 0.01$、$\Delta CFI = 0.006 < 0.01$、$\Delta NFI = 0.007 < 0.01$、$\Delta IFI = 0.006 < 0.01$、$\Delta RFI = 0.008 < 0.01$、$\Delta GFI = 0.005 < 0.01$，差异均不显著，因此可判定问卷数据不存在严重的共同方法

偏差问题。

表 4-51   拟合指标对比

主要拟合指标	X^2/df	RMSEA	SRMR	CFI	NFI	IFI	RFI	GFI
原始模型	2.366	0.061	0.049 8	0.947	0.913	0.948	0.898	0.885
双因子模型	2.252	0.058	0.045 4	0.953	0.92	0.954	0.906	0.89
差异绝对值	0.114	0.003	0.004 4	0.006	0.007	0.006	0.008	0.005

（8）模型拟合与路径分析

本书以可供性的三个维度（可视化、可联系性、导购性）为自变量，将沉浸体验作为中介变量，以冲动性购买意愿为因变量，以中庸价值观为调节变量。由于需考察变量间的因果关系，研究选用和建立结构方程模型来进行自变量、中介变量与因变量间关系的假设检验。

本书对结构模型的检验选取 X^2/df、RMSEA、CFI、NFI、IFI、RFI 作为模型整体适配度的判别指标。一般而言，X^2/df 取值小于 3 达到理想标准，$X^2/df<5$ 即在可接受的范围内；此外，NFI、CFI、IFI、RFI 的取值高于 0.9，RMSEA 小于 0.8，即可说明模型拟合度佳。模型建立后经检验得出的适配度如表 4-52 所示。由表 4-52 可知，本书所建立模型的 X^2/df、RMSEA、CFI、NFI、IFI、RFI 值均达到适配度良好的标准。

表 4-52   结构模型适配度

	X^2/df	RMSEA	CFI	NFI	IFI	RFI
适配标准	<3	<0.08	<0.9	<0.9	<0.9	<0.9
计算结果	2.093	0.054	0.969	0.942	0.969	0.931
是否适配	是	是	是	是	是	是

模型路径系数检验结果如表 4-53 所示。由表 4-53 可知，可视化、可联系性、导购性与沉浸体验间的直接效应显著，沉浸体验与冲动性购买意愿间的直接效应显著，可视化与冲动性购买意愿间的直接效应显著，可联系性和导购性与冲动性购买意愿间不存在直接影响关系。

表4-53 模型路径系数检验结果

路径	非标准化估计	标准化估计	S. E.	C. R.	P
IE<---VIA	0.212	0.281	0.042	5.061	＊＊＊
IE<---MEA	0.233	0.303	0.041	5.659	＊＊＊
IE<---GUA	0.264	0.371	0.041	6.472	＊＊＊
IBI<---IE	0.467	0.447	0.095	4.917	＊＊＊
IBI<---VIA	0.14	0.178	0.056	2.495	0.013
IBI<---MEA	0.027	0.033	0.056	0.48	0.631
IBI<---GUA	0.094	0.127	0.057	1.656	0.098

注：＊＊＊代表显著性水平为0.001。

通过模型分析，可得到具有直接影响效应的研究假设的结果。如表4-54所示。

表4-54 直接效应假设检验结果

研究假设	标准化估计	P	检验结果
农产品直播可视化正向影响沉浸体验	0.281	＊＊＊	成立
农产品直播可联系性正向影响沉浸体验	0.303	＊＊＊	成立
农产品直播导购性正向影响沉浸体验	0.371	＊＊＊	成立
农产品直播中沉浸体验正向影响消费者冲动性购买意愿	0.447	＊＊＊	成立
农产品直播可视化正向影响消费者冲动性购买意愿	0.178	0.013	成立
农产品直播可联系性正向影响消费者冲动性购买意愿	0.033	0.631	不成立
农产品直播导购性正向影响消费者冲动性购买意愿	0.127	0.098	不成立

（9）中介效应分析

关于中介效应的研究对于解释自变量与因变量间的关系作用机制具有重要意义。本书以农产品直播可供性的三个维度作为自变量，将消费者冲动性购买意愿作为因变量，以沉浸体验作为中介变量，构建中介模型进行中介效应检验。本书将利用目前广泛应用的 Bootstrap 方法，构建结构方程模型进行中介分析。

根据 Bootstrap 方法检验标准，在 95％的置信区间下，非标准化中介效应的上下限之间不包含 0，则可说明该路径显著。由表 4-55 可知，indA（可视化→沉浸体验→冲动性购买意愿）、indB（可联系性→沉浸体验→冲动性购买意愿）、indC（导购性→沉浸体验→冲动性购买意愿）的中介效应上下限间均不包含 0，则可说明以上三条路径的中介效应均显著。

表 4-55　非标准化 Bootstrap 中介效应检验

路径	效应值	SE	Bias-corrected 95％CI			Percentile 95％CI		
			Lower	Upper	P	Lower	Upper	P
indA	0.161	0.046	0.073	0.25	0.001	0.076	0.255	0.001
indB	0.17	0.041	0.094	0.255	0.001	0.09	0.248	0.001
indC	0.196	0.037	0.128	0.275	0.001	0.124	0.271	0.001

注：indA：可视化→沉浸体验→冲动性购买意愿；indB：可联系性→沉浸体验→冲动性购买意愿；indC：导购性→沉浸体验→冲动性购买意愿。

综合上述路径分析可知，可视化与冲动性购买意愿间直接效应显著，中介效应显著，故可视化与沉浸体验、冲动性购买意愿间为部分中介作用；可联系性与冲动性购买意愿间直接效应不显著，中介效应显著，故可联系性与沉浸体验、冲动性购买意愿间为完全中介作用；导购性与冲动性购买意愿间直接效应不显著，中介效应显著，故导购性与沉浸体验、冲动性购买意愿间为完全中介作用。中介效应假设的检验结果如表 4-56 所示。

表 4-56　中介效应假设检验结果

研究假设	检验结果
沉浸体验在农产品直播可视化与消费者冲动性购买意愿间存在中介作用	成立
沉浸体验在农产品直播可联系性与消费者冲动性购买意愿间存在中介作用	成立
沉浸体验在农产品直播导购性与消费者冲动性购买意愿间存在中介作用	成立

（10）调节效应分析

为验证中庸价值观在沉浸体验与冲动性购买意愿间的调节作用，本书将冲动性购买意愿设为因变量，将沉浸体验设置为自变量，将中庸价值观作为调节变量，依次进行检验。调节效应检验的结果如表4-57所示。

表4-57　调节效应检验

	IBI		IBI	
IE	0.614	12.684	0.629	13.106
VM	−0.467	−9.655	−0.514	−10.312
交互项			−0.145	−3.281
R方	0.325	0.344		
F	89.204	64.627		

由表4-57可知，沉浸体验与中庸价值观的交互项和冲动性购买意愿间呈现显著负相关的关系，即中庸价值观念越强，沉浸体验与冲动性购买意愿间的正向影响就会越小，即中庸价值观念负向调节沉浸体验与冲动性购买意愿间的关系，如图4-4所示。

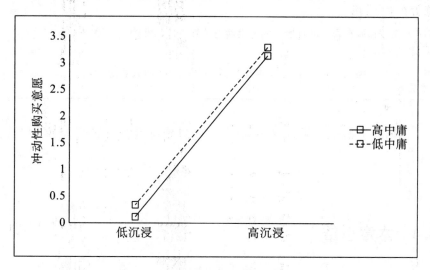

图4-4　中庸价值观的调节作用示意图

（11）假设检验结果

本书共提出11项假设，经统计分析与结构方程模型假设检验，共有9项假设成立，2项假设不成立。假设检验结果汇总如表4-58所示。

表 4-58　木书所有研究假设检验结果汇总

研究假设	是否成立
H1：农产品直播可视化可供性对消费者冲动性购买意愿具有正向影响	是
H2：农产品直播可联系可供性对消费者冲动性购买意愿具有正向影响	否
H3：农产品直播导购可供性对消费者冲动性购买意愿具有正向影响	否
H4：农产品直播可视化可供性对沉浸体验具有正向影响	是
H5：农产品直播可联系可供性对沉浸体验具有正向影响	是
H6：农产品直播导购可供性对沉浸体验具有正向影响	是
H7：沉浸体验对消费者冲动性购买意愿具有正向影响	是
H8：沉浸体验在农产品直播可视化可供性与消费者冲动性购买意愿间存在中介作用	是
H9：沉浸体验在农产品直播可联系可供性与消费者冲动性购买意愿间存在中介作用	是
H10：沉浸体验在农产品直播导购可供性与消费者冲动性购买意愿间存在中介作用	是
H11：中庸价值观负向调节沉浸体验与消费者冲动性购买意愿间的关系	是

根据以上假设检验结果可知，本书初始设置的理论研究模型是恰当的。

4.4　本章小结

本部分基于冲动性购买理论实证研究了生鲜产品网购意愿影响因素，研究发现价格折扣、时间压力、商家口碑、平台信誉因素可正向影响消费者的冲动性购买意愿。相关研究结论可以指导商家运营和平台的建设，具体而言：

一是调查可知，价格折扣会显著影响消费者的冲动性购买意愿，即消费者在看到一件打折商品时，即使该商品本不存在于购物清单中也会将其买下。而生鲜产品对于人们的特殊意义也是其区别于其他商品，会更加促使人们产生冲动购物行为的原因。因此，商家可通过定期或者不定期的折扣活动吸引消费者或者潜在消费者，或者联合平台搞促销活动，提高商品的被点击率，进一步提高商品的售出率，再配合良好的售前售后服务，可吸引并固定一批忠实消费者。

二是时间压力也是对消费者产生影响的一大因素，很多消费者会在备餐时购买食材，若购买目标不明确，则十分容易发生冲动性购物行为。因此，针对时间压力这一影响因素，本书认为商家和平台可以联合在特殊时段进行相应的商品推荐活动，如在用餐前一段时间内加大广告的投入量、商品的推广量，使生鲜商品更大概率地出现在消费者的购物网站首页，促使消费者进行购物行为；或者在备餐时段，商家或者平台针对生鲜产品定制合适的折扣活动、加大此时段的物流服务、客户服务等，进而提高商品的点击率以及网站的流量。

三是调查可知，良好的商家口碑也会促使消费者产生冲动性购物意愿。因此，商家可加大对售前、售后工作的关注度，加大商品介绍的详细程度，从而提高顾客的满意度，形成良好的客户口碑，并促进良好口碑的传播，可使商家的产品被更多的消费者熟知，提高商品的购买率。而且商家的好口碑不仅可以吸引消费者，更可以固定消费者，与消费者购物行为形成一个良性循环。

四是研究可知，平台信誉的高低程度会影响消费者冲动性购买的意愿，消费者会倾向于选择信誉较好的平台进行购物行为。因此平台可通过构建安全、高效的运营机制、选购机制、支付机制、反馈机制、客服机制，尽量与其他大型金融、购物平台达成合作，提高自身的信誉度，让消费者放心地使用该平台。平台应该切实地保护商家和消费者的利益，并且通过合理的宣传提高其在商家和消费者间的知名度和美誉度，从而吸引消费者使用该平台进行商品购买活动。

五是农产品直播可供性与沉浸体验间存在显著正向影响，沉浸体验在农产品直播可供性与冲动性购买意愿间存在中介效应。沉浸体验在农产品直播可视化可供性与冲动性购买意愿间存在部分中介效应。农产品直播可视化的特征使得农产品能够全方位、多视角地呈现在消费者眼前，让消费者犹如置身于现实的营销场景下，在视觉刺激下消费者很容易沉浸在直播所构建的情景中，也易产生冲动购买意图。经假设检验可知，农产品直播可视化可供性与冲动性购买意愿间存在显著正向关系，同时可视化可供性会经过沉浸体验的中介作用，与冲动性购买意愿间仍呈现显著的正相关关系，即可说明沉浸体验在可视化可供性到冲动性购买意愿的关系间发挥部分中介作用。可视化可供性既能够直接促成消费者冲动性消费意愿的产生，也能够先促进沉浸体验的形成，继而促使消费者在沉浸体验状态下产生冲动性购买意愿。

5 基于信息非对称理论的生鲜电商企业 顾客忠诚度研究

5.1 引言

2015 年 3 月 5 日,我国国家总理李克强在政府工作报告中首次正式将"互联网+"确立为国家战略,而"互联网+农业"是其核心之一。以往不完全统计的数据显示,2016 年全国各类涉及生鲜农产品电子商务的电商平台高于 3 万家,其交易额达 1 500 多亿元。2017 年中央一号文件中强调了加快建立健全适应农产品电子商务发展的标准体系,提出要支持农产品电子商务平台和乡村电子商务服务站点建设,完善全国农产品流通骨干网络,加快构建公益性农产品市场体系,加强农产品产地预冷等冷链物流基础设施网络建设,完善鲜活农产品直供直销体系。虽然生鲜农产品电商受到政府的重视,但是消费者对生鲜农产品电商的参与度、认知度不够,生鲜农产品电商发展的主要障碍变成了顾客忠诚度低。此外根据艾瑞咨询网发布的报告,2013 年时我国生鲜电商市场交易规模只有 126.7 亿元,2020年我国的生鲜电子商务市场交易规模约 3 641.3 亿元,同比增长 42.54%,由此可以看出,我国生鲜电商市场潜力巨大,因此对生鲜农产品电子商务顾客忠诚的影响因素进行研究具有重要的社会现实意义。

我国生鲜农产品电子商务迅速发展,对创新农产品流通方式、解决"三农"问题发挥了重大作用,尤其是对农村经济发展、农业产业结构优化、农村生产方式转变、农民收入增加和居民消费方式改变产生了重要影响。本章主要是通过对生鲜农产品电商顾客忠诚的影响因素进行研究，从而找出影响生鲜农产品电子商务顾客忠诚的因素，为生鲜农产品企业进行电子商务活动提供营销策略和战略规划的参考，使之可以根据生鲜农产品电子商务顾客忠诚的影响因素做出更科学的精准营销和战略规划，从而提高顾客忠诚。研究发现，感知价值、顾客满意、顾客信任对生鲜农产品电子商务顾客忠诚有显著影响，而感知风险、转换成本无显著影响。研究结论表明，生鲜农产品电子商务企业应该采取提高服务水平、保证产品质量等措施来提高顾客感知价值和顾客满意度，兑现平台对产品和服务质量的保证，增强顾客信任，从而提高顾客忠诚。

5.2 模型构建与研究假设

5.2.1 模型构建

为了深入分析感知价值、顾客满意、顾客信任、感知风险、转换成本等因素对生鲜农产品电子商务顾客忠诚的影响，建立了如图 5-1 所示的研究模型：

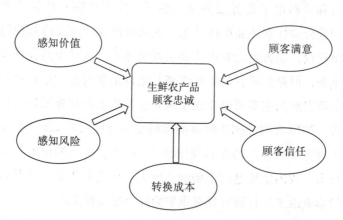

图 5-1 生鲜农产品电子商务顾客忠诚影响因素模型

本书利用问卷星进行问卷的设计与制作，利用各种设计软件进行问卷发放。在问卷的内容设计上，主要是收集了网络上生鲜农产品电子商务的普遍问题。本问卷主要包括两大部分，第一部分是被调查者的基本信息；第二大部分是对五大维度中的 18 个测量变量的调查。具体如表 5-1 所示。

表 5-1　调查问卷设计表

测量维度	测量指标	来源
感知价值	A1：在该生鲜农产品电子商务平台上我可以买到符合需求的产品和服务 A2：到该平台购物感到物有所值	李雷
感知风险	B1：产品质量能达到预期效果 B2：认为产品价格高于市场价格 B3：生鲜电商的产品服务（售前、售中、售后服务）缺失的程度 B4：生鲜电商的产品外观与卖家的描述相符	
顾客满意	C1：在该购物平台消费后感到很满意 C2：该平台提供的产品和服务达到我的预期 C3：与该网站以往的交易过程符合我的期望	张瑾
顾客信任	D1：该网站上的信息是真实的 D2：该网站不会做误导消费者的事情 D3：该网站是完全值得信赖的 D4：该网站能够兑现其对产品和服务质量的保证	邓爱民、陶宝马莹莹
转换成本	E1：该网站的购物流程我非常熟悉 E2：选用一家新的网站要花费我大量的时间和精力，如熟悉新网站、注册个人信息等。 E3：更换新网站会带来很多损失、如积分、优惠政策等 E4：为了更好地使用这个网站，我曾花了一段时间和精力来研究和探索	Burnham 等
顾客忠诚	F：我愿意在该网站上重复购买，并向他人推荐该网站	

5.2.2　研究假设

在现有研究的基础上，结合生鲜农产品的特性，提出顾客感知价值、顾客感知风险、顾客满意度、顾客信任、转换成本五个分析维度，具体情况如表 5-2 所示：

表 5-2 生鲜农产品电子商务顾客忠诚度影响维度定义表

维度测量	维度定义
顾客感知价值	顾客感知价值是指顾客对企业提供的产品或服务所具备价值的主观认知，是顾客对于产品的心理预期是否得到满足的一种体现。
顾客感知风险	感知风险是指顾客在使用电子商务网站购买生鲜农产品时感知到这一举动对自己造成经济、精神等损失的可能性。
顾客满意度	顾客满意度是指生鲜农产品电子商务顾客对各电子商务网站提供的产品和服务的满意程度。
顾客信任	《现代汉语字典（第7版）》对信任的定义为相信而敢于托付。本书中顾客信任是指生鲜农产品电子商务顾客对各大生鲜农产品电子商务网站的信任，并敢于购买的行为。
转换成本	转换成本指的是当消费者从一个生鲜农产品电商平台转向另一个平台所产生的一次性成本。这种成本不仅仅是经济上的，也是时间、精力和情感上的。

根据以上五个维度，提出如下假设：

假设1：在生鲜农产品电商环境下，顾客感知价值正向影响顾客忠诚。

假设2：在生鲜农产品电商环境下，顾客感知风险负向影响顾客忠诚。

假设3：在生鲜农产品电商环境下，顾客满意度正向影响顾客忠诚。

假设4：在生鲜农产品电商环境下，顾客信任正向影响顾客忠诚。

假设5：在生鲜农产品电商环境下，转换成本正向影响顾客忠诚。

5.3 生鲜电商企业顾客忠诚度的实证分析

5.3.1 描述性统计

本书的问卷主要通过各种社交软件、通讯软件，如QQ、微博、微信等进行发放，共发出调查问卷390多份，累计收到调查问卷372份，剔除答题时间过短、答题遗漏，无生鲜农产品电子商务购物经验的问卷后，得到有效问卷共计357份，问卷的有效率为91.54%。笔者将对数据进行统计，将收集到的数据进行分析整理，汇总后信息如表 5-3 所示。

表 5-3 调查对象的个体特征

个体统计变量	类型	人数/人	百分比/%
性别	男	171	47.9
	女	186	52.1
年龄	20 岁以下	53	14.85
	20~25 岁	152	42.58
	25~30 岁	90	25.21
	30 岁以上	62	17.36
职业	学生	133	37.25
	政府或事业单位工作者	28	7.84
	企业或公司职员	137	38.38
	个体或自由职业者者	50	14.01
	其他	9	2.52
个人月收入	2 000 元以下	107	29.97
	2 000~3 000 元	49	13.73
	3 000~5 000 元	79	22.13
	5 000~10 000 元	89	24.93
	10 000 元以上	33	9.24
学历	高中及以下	49	13.73
	专科	76	21.29
	本科	206	57.7
	研究生及以上	26	7.28
在网上购买生鲜农产品的频率	一月一次及更少	142	39.78
	一月两次	104	29.13
	一月三次	78	21.85
	一月四次及更多	33	9.24
网购过的生鲜农产品的类别	水果蔬菜	202	56.58
	海鲜水产	176	49.3
	鲜肉蛋禽	169	47.34
	其他	84	23.53
常用的生鲜农产品电子商务平台	天猫	160	44.82
	淘宝	217	60.78
	京东生鲜	187	52.38
	苏宁生鲜	140	39.22
	其他	71	19.89

5.3.2 信度与效度分析

（1）信度分析

在进行信度分析时，当 Cronbach's α 系数高于 0.7，则表示该测量的可信度非常高，若低于 0.35 则表示很低，不使用该测量数据；若系数大于 0.6，且小于 0.7 时，则表示在可接受范围内的。从表 5-4 中可以看出，本书测量项目五大维度的系数取值均大于 0.6，即表明本书的调查维度及项目具有较高的可靠性，能对数据进行进一步的分析。

表 5-4　五维度可靠性统计量

变量名称	项数	校正项总计相关性（CITC）	项已删除的 α 系数	Cronbach α 系数
	Cronbach 信度分析			
感知风险	1. 我认为生鲜农产品电商的产品质量能达到预期效果	0.457	0.761	0.717
	2. 我认为生鲜农产品电商的产品价格高于市场价格	0.369	0.767	
	3. 我认为生鲜农产品电商的产品服务（售前、售中、售后服务）缺失的程度低	0.223	0.778	
	4. 我认为生鲜农产品电商的产品外观与卖家的描述相符	0.415	0.764	
感知价值	1. 在生鲜农产品电子商务平台上我可以买到符合需求的产品和服务	0.31	0.772	0.650
	2. 到电子商务平台上购买生鲜农产品我感到物有所值	0.439	0.763	
顾客满意	1. 我在生鲜农产品电子商务平台进行消费后感到很满意	0.366	0.768	0.734
	2. 生鲜农产品电子商务提供的产品和服务达到我的预期	0.334	0.77	
	3. 我与生鲜农产品电子商务网站以往的交易过程符合我的期望	0.373	0.767	

表5-4(续)

	Cronbach 信度分析			
变量名称	项数	校正项总计相关性（CITC）	项已删除的α系数	Cronbach α系数
顾客信任	1. 该生鲜农产品电子商务网站上的信息是真实的	0.412	0.764	0.788
	2. 该生鲜农产品电子商务网站不会做误导消费者的事情	0.416	0.764	
	3. 该生鲜农产品电子商务网站是完全值得信赖的	0.318	0.772	
	4. 该生鲜农产品电子商务网站能够兑现其对产品和服务质量的保证	0.405	0.765	
转换成本	1. 该平台的购物流程我非常熟悉	0.428	0.763	0.741
	2. 选用一家新的网站要花费我大量的时间和精力，如熟悉新网站、注册个人信息等。	0.25	0.777	
	3. 更换新的电商平台会带来很多损失，如积分、优惠政策等	0.21	0.78	
	4. 为了更好地使用这个电商平台，我曾花了一段时间和精力来研究和探索	0.487	0.758	

（2）效度分析

本书通过 KMO（Kaiser‐Meyer‐Olkin）和巴特利特球形假设检验（Bartlett）两种检测途径和数据来衡量因子的效度，具体如表5-5所示。

表 5-5 效度分析结果

	因子载荷系数					共同度
	因子1	因子2	因子3	因子4	因子5	
1. 我认为生鲜农产品电商的产品质量能达到预期效果	0.141	0.834	0.074	0.066	0.063	0.728

表5-5(续)

	因子载荷系数				共同度	
	因子 1	因子 2	因子 3	因子 4	因子 5	
2. 我认为生鲜农产品电商的产品价格高于市场价格	0.04	0.62	0.104	0.082	0.209	0.447
3. 我认为生鲜农产品电商的产品服务（售前、售中、售后服务）缺失的程度低	−0.061	0.578	0.054	0.131	−0.081	0.364
4. 我认为生鲜农产品电商的产品外观与卖家的描述相符	0.126	0.843	0.011	0.074	0.048	0.734
1. 在生鲜农产品电子商务平台上我可以买到符合需求的产品和服务	0.012	0.033	0.078	0.168	0.85	0.758
2. 到电子商务平台上购买生鲜农产品我感到物有所值	0.218	0.134	0.128	0.137	0.748	0.661
1. 我在生鲜农产品电子商务平台进行消费后感到很满意	0.061	0.159	0.001	0.785	0.099	0.654
2. 生鲜农产品电子商务提供的产品和服务达到我的预期	0.115	0.04	0.048	0.737	0.102	0.571
3. 我与生鲜农产品电子商务网站以往的交易过程符合我的期望	0.046	0.152	0.011	0.831	0.095	0.726
1. 该生鲜农产品电子商务网站上的信息是真实的	0.858	0.028	0.095	0.11	−0.063	0.761
2. 该生鲜农产品电子商务网站不会做误导消费者的事情	0.677	0.139	0.109	0.086	0.088	0.505
3. 该生鲜农产品电子商务网站是完全值得信赖的	0.705	−0.004	−0.022	−0.004	0.222	0.548
4. 该生鲜农产品电子商务网站能够兑现其对产品和服务质量的保证	0.854	0.053	0.036	0.062	0.006	0.737

表5-5(续)

	因子载荷系数				共同度	
	因子1	因子2	因子3	因子4	因子5	
1. 该平台的购物流程我非常熟悉	0.042	0.127	0.8	0.115	0.126	0.687
2. 选用一家新的网站要花费我大量的时间和精力，如熟悉新网站、注册个人信息等。	0.096	−0.055	0.733	0.119	−0.173	0.594
3. 更换新的电商平台会带来很多损失，如积分、优惠政策等	−0.012	0.01	0.686	−0.123	0.093	0.494
4. 为了更好地使用这个电商平台，我曾花了一段时间和精力来研究和探索	0.12	0.247	0.736	−0.012	0.233	0.672
特征根值（旋转前）	3.883	2.041	1.974	1.56	1.183	—
方差解释率%（旋转前）	22.843%	12.007%	11.612%	9.174%	6.957%	—
累积方差解释率%（旋转前）	22.843%	34.849%	46.461%	55.635%	62.592%	—
特征根值（旋转后）	2.554	2.296	2.256	1.997	1.538	—
方差解释率%（旋转后）	15.023%	13.505%	13.270%	11.746%	9.048%	—
累积方差解释率%（旋转后）	15.023%	28.528%	41.799%	53.544%	62.592%	—
KMO值	0.755					—
巴特球形值	1 745.279					—
df	136					—
p值	0					—

　　本书得出的 KMO 值是 0.755，远大于 0.5，所以适合做因子分析。根据巴特利特球形假设检验（Bartlett），当显著性水平 sig. 小于 0.05 时表示研究适合做因子分析。本书数据的近似卡方值为 1 745.279，自由度 df 为 136，显著性水平 sig. 为 0.00，小于 0.05。综上分析可知，本书可以利用因子分析方法研究顾客忠诚度问题。

5.3.3 因子分析

本部分利用主成分分析法对测量指标进行降维处理，具体如表 5-6 所示，"初始特征值"中合计数值一共有五个且均大于 1，表明提取了 5 个公因子，与本书 5 个影响因素的设置一致。还可以看出，在"旋转载荷平方和"中，累计百分比的数值为 60.073%，表明提取的这五个因子涵盖了全部数据的 60.073% 的信息值，也可因此认定原始设置的五个影响维度较为合理，可以进行进一步的分析。

表 5-6　总方差解释

组件	初始特征值			提取载荷平方和			旋转载荷平方和		
	总计	方差百分比	累积 %	总计	方差百分比	累积 %	总计	方差百分比	累积 %
1	4.005	22.250	22.250	4.005	22.250	22.250	2.548	14.157	14.157
2	2.043	11.349	33.598	2.043	11.349	33.598	2.297	12.761	26.919
3	1.987	11.038	44.636	1.987	11.038	44.636	2.261	12.562	39.481
4	1.575	8.749	53.385	1.575	8.749	53.385	1.986	11.031	50.512
5	1.204	6.688	60.073	1.204	6.688	60.073	1.721	9.561	60.073
6	0.960	5.334	65.407						
7	0.809	4.492	69.899						
8	0.743	4.129	74.028						
9	0.642	3.568	77.596						
10	0.623	3.463	81.059						
11	0.606	3.365	84.423						
12	0.559	3.106	87.530						
13	0.496	2.757	90.286						
14	0.434	2.413	92.699						
15	0.407	2.261	94.960						
16	0.353	1.961	96.921						

表5-6(续)

组件	初始特征值			提取载荷平方和			旋转载荷平方和		
	总计	方差百分比	累积 %	总计	方差百分比	累积 %	总计	方差百分比	累积 %
17	0.280	1.557	98.478						
18	0.274	1.522	100.000						

提取方法：主成分分析法。

从图 5-2 可以看出，前五个因子的曲线比较陡峭，在第五个因子后曲线变慢，即拐点在第五个因子，这表明五因子的提取是合理的，与上述方差解释表的信息一致。旋转后的成分矩阵结果如表 5-7 所示。

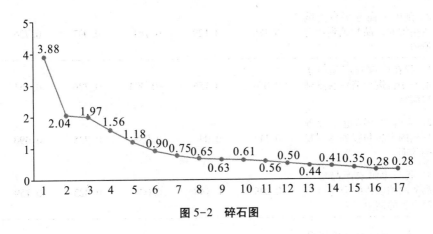

图 5-2　碎石图

表 5-7　旋转后的成分矩阵[a]

	组件				
	1	2	3	4	5
1. 我认为生鲜农产品电商的产品质量能达到预期效果	0.141	0.833	0.075	0.063	0.071
2. 我认为生鲜农产品电商的产品价格高于市场价格	0.035	0.623	0.115	0.077	0.177

表5-7（续）

	组件				
	1	2	3	4	5
3. 我认为生鲜农产品电商的产品服务（售前、售中、售后服务）缺失的程度低	-0.061	0.573	0.041	0.125	-0.022
4. 我认为生鲜农产品电商的产品外观与卖家的描述相符	0.126	0.843	0.011	0.072	0.061
1. 在生鲜农产品电子商务平台上我可以买到符合需求的产品和服务	-0.021	0.027	0.092	0.122	0.829
2. 到电子商务平台上购买生鲜农产品我感到物有所值	0.189	0.129	0.141	0.097	0.736
1. 我在生鲜农产品电子商务平台进行消费后感到很满意	0.054	0.156	-0.004	0.776	0.151
2. 生鲜农产品电子商务提供的产品和服务达到我的预期	0.111	0.044	0.058	0.735	0.090
3. 我与生鲜农产品电子商务网站以往的交易过程符合我的期望	0.039	0.148	0.004	0.823	0.159
1. 该生鲜农产品电子商务网站上的信息是真实的	0.859	0.025	0.088	0.114	-0.010
2. 该生鲜农产品电子商务网站不会做误导消费者的事情	0.675	0.139	0.112	0.085	0.098
3. 该生鲜农产品电子商务网站是完全值得信赖的	0.696	-0.010	-0.024	-0.017	0.261
4. 生鲜农产品电子商务网站能够兑现其对产品和服务质量的保证	0.852	0.052	0.037	0.059	0.025
1. 该平台的购物流程我非常熟悉	0.040	0.125	0.799	0.113	0.132

表5-7(续)

	组件				
	1	2	3	4	5
2. 选用一家新的网站要花费我大量的时间和精力，如熟悉新网站、注册个人信息等	0.105	−0.052	0.732	0.134	−0.177
3. 更换新的电商平台会带来很多损失，如积分、优惠政策等	−0.014	0.007	0.683	−0.129	0.099
4. 为了更好地使用这个电商平台，我曾花了一段时间和精力来研究和探索	0.114	0.246	0.739	−0.021	0.228
1. 我愿意在该生鲜农产品平台上重复购买，并向他人推荐该网站	0.160	0.095	0.001	0.201	0.455

提取方法：主成分分析法。旋转方法：Kaiser 标准化最大方差法。

a. 旋转在 5 次迭代后已收敛。

本书数据旋转后的因子载荷矩阵，大于 0.5 的数据表明其有较高的因子载荷。从表 5-7 中可以看出，各项归属与文本所设置的基本一致。第一个因子在 12.1、12.2、12.3、12.4 项测量指标上具有相对较高的因子载荷；第二个因子在 9.1、9.2、9.3、9.4 项测量指标上具有相对较高的因子载荷；第三个因子在 13.1、13.2、13.3、13.4 项测量指标上具有比较高的因子载荷；第四个因子在 11.1、11.2、11.3 项测量指标上具有较高的因子载荷；第五个因子在 10.1、10.2 项测量指标上具有较高的因子载荷。

5.3.4 相关性分析

在进行实证分析时，通常都需要进行相关性分析以验证变量间的相关程度，以此作为后文实证分析的基础。本书通过对各变量皮尔逊（Pearson）相关系数的分析来测算各维度间的相关程度。根据以往研究，显著性为可说明在 0.01 的双侧水平下，变量显著相关，具体结果如表 5-9 所示。

表 5-8 描述统计

	平均值	标准偏差	N
感知风险	0.000 0	1.322 21	357
感知价值	0.000 0	0.741 21	357
顾客满意	0.000 0	0.654 80	357
顾客信任	0.000 0	0.621 59	357
转换成本	0.000 0	0.567 13	357
顾客忠诚	2.369 7	1.021 12	357

表 5-9 相关性检验结果

		感知风险	感知价值	顾客满意	顾客信任	转换成本	顾客忠诚
感知风险	Pearson 相关性	1	0.222**	0.271**	0.182**	0.213**	0.165**
	显著性（双尾）		0.000	0.000	0.001	0.000	0.002
	N	357	357	357	357	357	357
感知价值	Pearson 相关性	0.222**	1	0.292**	0.221**	0.234**	0.259**
	显著性（双尾）	0.000		0.000	0.000	0.000	0.000
	N	357	357	357	357	357	357
顾客满意	Pearson 相关性	0.271**	0.292**	1	0.189**	0.101	0.238**
	显著性（双尾）	0.000	0.000		0.000	0.057	0.000
	N	357	357	357	357	357	357
顾客信任	Pearson 相关性	0.182**	0.221**	0.189**	1	0.170**	0.200**
	显著性（双尾）	0.001	0.000	0.000		0.001	0.000
	N	357	357	357	357	357	357
转换成本	Pearson 相关性	0.213**	0.234**	0.101	0.170**	1	0.103
	显著性（双尾）	0.000	0.000	0.057	0.001		0.051
	N	357	357	357	357	357	357
顾客忠诚	Pearson 相关性	0.165**	0.259**	0.238**	0.200**	0.103	1
	显著性（双尾）	0.002	0.000	0.000	0.000	0.051	
	N	357	357	357	357	357	357

**. 在置信度（双侧）为 0.01 时，相关性是显著的。

顾客忠诚与转换成本变量检验 P 值为 0.051>0.05，所以转换成本与顾客忠诚之间无相关性，但其余变量之间 Pearson 相关系数在 0.01 的显著性（双侧检验）上都非常显著，由此可以推断其余四个变量与顾客忠诚之间具有明显的相关关系。

5.3.5　回归分析

结合相关分析的结论，对顾客忠诚与感知风险、感知价值、顾客满意、顾客信任进行回归分析，第一项为因变量，后四者为自变量。所构建模型的摘要如表 5-10 所示。

表 5-10　模型摘要[b]

模型	R	R 平方	调整后的 R 平方	标准估算的错误	Durbin-Watson（U）
1	0.824[a]	0.679	0.679	0.498	2.012

a. 预测变量：（常量），感知价值，顾客满意，顾客信任

b. 因变量：顾客忠诚

由表 5-10 可知，本书中 R 平方 = 0.679，所以通过拟合优度检验。DW = 2.012，表明模型不存在序列自相关性。回归模型方差分析摘要如表 5-11 所示。

表 5-11　回归模型方差分析摘要表

ANOVA[a].

模型		平方和	自由度	均方	F	显著性
	回归	24.828	1	24.828	25.447	0.000[b]
1	残差	346.365	355	0.976		
	总计	371.193	356			
	回归	35.581	2	17.791	18.765	0.000[c]
2	残差	335.612	354	0.948		
	总计	371.193	356			

表5-11(续)

模型		平方和	自由度	均方	F	显著性
3	回归	41.368	3	13.789	14.758	0.000^d
	残差	329.825	353	0.934		
	总计	371.193	356			

a. 因变量：顾客忠诚

b. 预测变量：（常量），感知价值

c. 预测变量：（常量），感知价值，顾客满意

d. 预测变量：（常量），感知价值，顾客满意，顾客信任

由表 5-11 可知，本书的显著性检验值为 0.000，小于显著性水平 0.05，表明回归模型整体解释方差达到了显著水平。模型系数表如表 5-12 所示。

表 5-12　模型系数[a] 表

模型		非标准化系数		标准系数			共线性统计	
		B	标准错误	贝塔	t	显著性	容许	VIF
1	（常量）	2.370	0.052		45.330	0.000		
	感知价值	0.356	0.071	0.259	5.045	0.000	1.000	1.000
2	（常量）	2.370	0.052		45.985	0.000		
	感知价值	0.285	0.073	0.207	3.910	0.000	0.915	1.093
	顾客满意	0.278	0.082	0.178	3.368	0.001	0.915	1.093
3	（常量）	2.370	0.051		46.321	0.000		
	感知价值	0.252	0.073	0.183	3.438	0.001	0.886	1.128
	顾客满意	0.250	0.083	0.160	3.030	0.003	0.898	1.113
	顾客信任	0.212	0.085	0.129	2.489	0.013	0.934	1.070

a. 因变量：顾客忠诚

由表 5-12 可知，逐步回归的最优子集为模型 3，感知价值的系数为 0.252，顾客满意的系数为 0.250，顾客信任的系数为 0.212，常量为 2.370，且所有自变量回归系数的 sig 值均小于 0.05，所以可以有如下关系：

顾客忠诚=2.370+0.252 感知价值+0.250 顾客满意+0.212 顾客信任

此外，表 5-12 中还列出了共线性统计 VIF，三项均接近 1，因此本书不存在多重共线性。

5.3.6 实证分析结果

上文通过对生鲜电商顾客忠诚度的研究，发现感知价值、顾客满意、顾客信任都会对生鲜农产品电子商务顾客忠诚产生一定的影响，而感知风险和转换成本则对生鲜农产品电子商务顾客忠诚不存在显著影响（见表 5-13）。其中，顾客感知价值与生鲜农产品电子商务顾客满意度呈正相关；顾客满意与生鲜农产品电子商务顾客忠诚度呈正相关；顾客信任与生鲜农产品电子商务顾客忠诚之间存在一个显著的正相关关系。具体研究结果与模型修正如图 5-3 所示。

表 5-13 研究假设结果统计表

研究假设	假设内容	研究结果
H1	在生鲜农产品电商环境下，顾客感知价值正向影响顾客忠诚。	成立
H2	在生鲜农产品电商环境下，顾客感知风险负向影响顾客忠诚。	不成立
H3	在生鲜农产品电商环境下，顾客满意正向影响顾客忠诚。	成立
H4	在生鲜农产品电商环境下，顾客信任正向影响顾客忠诚。	成立
H5	在生鲜农产品电商环境下，转换成本正向影响顾客忠诚。	不成立

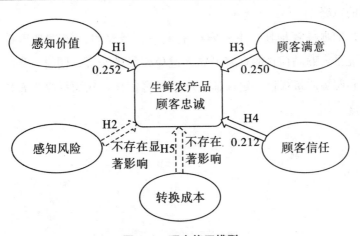

图 5-3 研究修正模型

5.4 本章小结

本章基于生鲜农产品本身的特点，从信息非对称角度构建生鲜电商企业顾客忠诚度影响因素模型，通过实证分析得出，感知价值、顾客满意、顾客信任等因素对生鲜农产品电子商务顾客忠诚度会产生正向影响的结论。相关研究结论具有重要的实践价值，可以为相关企业的生产运营提供一定的借鉴和参考。具体体现在：

一是企业应该重视顾客感知价值。顾客感知价值是顾客感知损失和感知利益的均衡。所以让顾客"感受到"价值是提高顾客感知价值的关键，生鲜农产品电子商务平台应该加强个性化推荐、提高服务水平、保证产品质量，让到自己平台购物的顾客感到物有所值。

二是提高顾客满意度。顾客前因因素都会对顾客满意产生正面影响，应当同时兼顾价格优势、服务质量等。提高顾客满意度，应该避免虚假宣传，不要让顾客对产品抱有过高的期望，以此降低期望与现实的差距；还应该简化交易流程，使交易过程更加符合顾客的期望。通过对顾客满意度进行调查，针对不同顾客群体，了解顾客的真实需求，对不同顾客群体实行不同的策略。

三是增强顾客信任。生鲜农产品电子商务平台应该增加审核监管机制，保证平台商品信息的真实可靠，避免误导消费者；同时，还应该积极为产品和服务质量提供一定保证，增强顾客信任，从而提高生鲜农产品顾客忠诚度。

6 基于信息非对称理论的生鲜电商供应链协调研究

6.1 引言

　　"三农"问题是与国计民生相联系的根本问题。2019 年中央一号文件明确指出要加强农产品物流骨干网络和冷链物流体系建设。因此加强生鲜电商供应链冷链物流的管理具有重要意义。目前生鲜电商的物流方式主要有两种，一是自建物流，这种方式需要耗费企业很多的资源，一般实力较强的企业才会选择这种方式。自建物流的典型代表是京东生鲜、顺丰优选等拥有物流基地的大型企业。二是外包方式，这种方式就是企业选择把物流业务外包给专业的第三方物流服务商（TPL），大多数中小生鲜电商企业选择的是这种模式。

　　由于人民生活水平的提高，消费者对生鲜产品的新鲜度要求也越来越高，而 TPL 能够实现专业化运作，因此可以帮助生鲜电商企业大幅度降低物流服务成本和生鲜产品的流通损耗率，从而满足消费者对高新鲜度、高质量的需求。但第三方物流服务商的服务水平通常难以达到生鲜电商企业的要求。许多消费者反映收到的生鲜产品不够新鲜、实物与网上图片差别太大，甚至有些瓜果蔬菜已经烂掉，这严重影响了消费者的购物体验。因此笔者认为非常有必要研究 TPL 参与保鲜的生鲜电商供应链，探讨如何实现供应链的协调，使得 TPL 服务商、生鲜电商各自的利润最大，同时提高消费者网购生鲜产品的满意度。

目前，许多学者研究了供应商、零售商组成的供应链协调问题，但是对 TPL 参与的供应链协调研究还较少；另外，关于生鲜农产品供应链方面的研究已有许多，但对电商环境下的的生鲜供应链研究较少。因此，本书通过引入新鲜度这一反映生鲜产品损耗的指标，把生鲜产品的损耗状况进行量化，并且在生鲜电商具有基本质量监督水平时，考虑到 TPL 服务商的保鲜努力水平对生鲜产品新鲜度的影响，使得研究模型更加贴合实际。

关于生鲜电商的研究较早，Poole（2001）提出了农产品与电子商务结合能够促进两者共同发展的观点。Norbert（2008）通过研究咖啡供应链的信息管理，发现良好的电商平台运营能够为农产品电商提供很大的优势。XIE（2018）以消费者在淘宝上在线购买生鲜水果的状况为例，运用结构方程模型研究了感知风险对消费者购买意愿的影响。曾叶明（2015）的研究发现学者们目前在生鲜电商的发展模式与对策、物流与供应链管理、消费者网购行为等方面探讨较多。葛继红等（2018）基于差异化视角将我国生鲜电商的发展模式归纳总结为三种，并认为生鲜电商企业应根据自身条件选择适合的发展模式。

相对于发展较为成熟的生鲜电商而言，关于生鲜农产品供应链方面的研究还不够成熟。主要原因就是生鲜产品的易腐性、季节性以及时鲜性等缺陷。这些特点使得生鲜农产品供应链的协调也更为困难。但斌（2008）构造了一个指数形式的新鲜度衰减函数来表征生鲜农产品的价值损耗，研究发现在考虑价值损耗的情况下集中式决策不能使供应链达成协调。Cai（2010）在经销商保鲜努力成本的基础上，研究了因远距离运输而导致损耗的两级生鲜供应链，最终通过建立激励机制实现了供应链的协调与优化。杨春（2010）等在物流服务商提高生鲜产品的保鲜努力水平会影响零售商利润的情形下，通过建立一种成本分担与收入共享合同实现了零售商与物流服务商之间的协调。杨书萍（2011）通过收益共享契约有效协调了一个考虑损耗和新鲜度的鲜活农产品三级供应链，发现契约参数在一定范围内可实现三方共赢。Cai（2013）等在市场需求受价格与新鲜度的共同影响下，通过建立批发市场出清合同（WMC）与批发价格共享折扣合同（WDS），消除了生产商物流外包下三级生鲜供应链中的"双重边际效应"，实现了供应链协调。唐润（2017）考虑了保鲜温度对生鲜农产品新鲜度及市场需求的影响，通过收益共享契约实现了"供应商+零售商"的两级生鲜供应链的效用改进。

生鲜农产品供应链协调问题的解决也可以从博弈的角度分析，吴茜（2015）建立了确定性或随机性市场需求下不同运作模式的生鲜供应链博弈模型，从博弈论的视角探讨了生鲜农产品供应链的运作模式与协调机制。杨亚（2016）等对供应链协调的研究结合了 Stackelberg 博弈与单周期报童模型。王永明等（2017）考虑保鲜努力水平，针对供应商和零售商构成的二级鲜活农产品供应链构建了三种博弈模型，并提出了一种努力成本共担的协调机制。

除此之外，近些年 TPL 与电子商务的发展，为生鲜农产品的供应链协调提供了一个新的思路。左琪（2014）、马雪丽等（2018）在不同环境下研究了有关 TPL 提供物流配送服务的供应链协调问题。冯颖（2015，2018）、余云龙等（2015）通过建立三方竞合博弈模型，研究了 TPL 介入时不同情形下的生鲜农产品供应链各方的决策，并通过相关契约实现了多级供应链的协调，但他们的研究只是针对普通生鲜农产品供应链，没有考虑到电子商务背景下生鲜电商的供应链。吴丹（2014）从生鲜电商供应链利益协调、配送协调和信息协调三方面出发，建立了多方面的协调运作机制，为研究生鲜电商供应链协调问题提供了宝贵建议。聂改改（2017）将单个生鲜电商扩展为多个相互独立、相互竞争的生鲜电商，利用 Shapley 值法的利润分配方案协调了生鲜电商与冷链物流组成的供应链。徐广姝（2017）基于生鲜宅配模式，创新性地考虑到物流配送及时性及服务态度对生鲜农产品市场需求的影响，通过组合多种契约实现了生鲜电商与物流服务商二级供应链的协调。杨怀珍等（2018）在电子商务环境下研究了三级生鲜供应链协调，但是他们的研究没有涉及物流服务商。白世贞（2018）、谢爽等（2018）对"供应商+生鲜电商平台"类型的供应链协调问题进行了研究，根据不同情景分别建立了在价格参考效应、保鲜努力水平与促销努力水平等影响下的需求函数，并通过相关收益共享契约实现了供应链的协调。霍红等（2018）同样也研究了单个供应商与单个生鲜电商构成的二级生鲜电商供应链，不同的是他们引入了电商平台的质量监督水平因素。

综上所述,国内外学者关于生鲜电商的发展模式、消费者行为等方面的研究已经比较详细与深入,虽然对生鲜农产品供应链协调方面的研究较多,但对涉及电子商务的生鲜供应链协调研究还较少。因此,本书将综合考虑 TPL 服务商保鲜努力水平与生鲜电商的质量监督水平在供应链中发挥的作用,构建同时受新鲜度、价格及基本质量监督水平影响的市场需求函数,来研究"生鲜电商+TPL"的两级供应链协调问题。

6.2 生鲜农产品供应链模式与渠道冲突分析

进入 21 世纪,随着现代物流技术、信息技术、支付技术的发展,电脑手机等移动终端的普及和人们思想观念的改变,基于互联网的电子商务得到迅猛发展,越来越多的消费者接受并倾向于采用便宜、便捷的网络购物方式购买商品。在生鲜电商出现以前,我国生鲜农产品的供应均为传统的线下渠道,如"农户+消费者"直销模式、"农户+批发商"模式、农超对接模式等,对消费者而言,虽然线下面对面地购买生鲜农产品可以通过触觉、嗅觉、视觉直观感受到生鲜农产品的质量,但是需要花费时间、精力、金钱等成本往返农产品基地和超市市场,给工作繁忙、下班时间晚的消费者带来不便。近年来,我国冷链物流技术、保鲜技术的巨大进步,使得生鲜农产品从田地到餐桌的运输时间和运输损耗得到大幅度的减少和降低,致使消费者对网络渠道的生鲜农产品需求增加,为生鲜电商的发展提供了巨大的契机。当网络渠道成为一种重要的消费渠道,为更好地满足消费者对于生鲜电商的需求,同时保持传统销售渠道的市场份额,生鲜农产品供应链中的供应商和零售商逐步开通网络渠道,试图建立线上线下结合的双渠道分销系统,力求扩大原有的市场份额。本书根据已有学者对于生鲜农产品双渠道供应链的研究,再结合现实生活中的实际发展情况,从生鲜农产品的上游供应商和下游零售商如何控制线下实体销售渠道和网络直销渠道的角度进行分析,较为全面地总结出生鲜农产品供应链协调的基本模式并进行简要分析。

6.2.1 生鲜电商供应链模式

（1）分离渠道模式

分离渠道模式是指生鲜农产品供应商在生鲜农产品供应链中只承担为下游分销商提供生鲜农产品的角色，不直接面向消费者，传统线下渠道和网络直销渠道被不同的零售商控制。线上渠道的零售商既可以包括没有足够的规模和实力单独搭建平台销售产品，依托大型综合类 B2C 电商平台开展线上宣传与销售的个体、中小企业等；也存在如优菜网、本来生活网等拥有独立平台的垂直生鲜电商网站。供应商包括普通农户、农村合作社以及生鲜农产品生产基地等。在该模式下，依托第三方电商平台的零售商信息化程度高，渠道建设、运营及物流配送成本较低，但是线上线下零售商面对相同的目标消费群体，易导致渠道竞争激烈，进而引起价格战等恶性竞争，降低供应链成员和整体的收益水平。

（2）混合渠道模式（制造商自建模式）

混合渠道模式，又称制造商自建模式，是指生鲜农产品供应商居于主导地位，在线下渠道以批发价格将农产品批发给传统零售商的同时，通过电子商务平台开通网络直销渠道进而形成混合渠道模式。在该模式中，农户、合作社及生产基地等作为农产品的供应商往往在京东、淘宝、亚马逊、1 号店等平台建立电商直销渠道，供应商主要看重该类平台用户数量大、网站流量多、电子支付可靠程度高等优势，且商品的物流和配送主要依托第三方物流公司完成。在该模式中供应商可以通过线上渠道直接面对消费者，及时获取消费者需求信息并做出迅速快捷的反应，可加强对于市场动向的把控，以便更好地满足消费者的需求。混合渠道模式在实际中存在较为普遍，供应商生产农产品数量通常较多，供应商作为供应链中的主导者，率先决定线下批发价格和网络直销价格，之后再由零售商决策实体渠道的价格，此刻两个供应链成员之间既存在供应链上下游的合作关系，也存在面对相同消费者群体的竞争关系，极容易产生供应链中利益的冲突，因此本书将混合渠道模式的供应链作为研究对象，以实现供应链的协调。

（3）零售商 O2O 模式（零售商自建模式）

零售商 O2O 模式是指传统线下实体渠道和线上直销渠道均由一个零售商所控制，生鲜农产品的供应商只是作为供应链上游的生鲜农产品卖方参与供应链。参考目前采用零售商 O2O 模式的企业，大致分为两类：一类企业是早期完全依靠传统的实体零售渠道销售生鲜农产品，随着生鲜电商的发展，为了摆脱单一渠道的控制，获得更多的目标用户，进而在实体店铺的基础上开通网络直销渠道销售生鲜农产品，以弥补线下店铺的覆盖面较为狭窄的不足，也可以将实体店铺作为线上渠道的库存，并根据消费者下单的位置及时调配周边实体店的生鲜农产品进行配送，从而节约仓储和配送成本。例如，大润发、沃尔玛等零售巨头，早期主要聚焦于实体零售店铺的扩张，近年通过自建网上平台或者与其他平台合作共享供应链等措施开辟了网络直销渠道。另一类是早期控制线上渠道的生鲜电商，为了应对来自竞争对手的危险，提高消费者的购物体验满意度，通过线上下单、线下自提的方式开展生鲜农产品的销售。

（4）一体化模式

一体化模式是指实力强劲的生鲜农产品供应商同时控制传统线下实体渠道和网络直销渠道，这类模式对供应商要求较高，需要供应商同时具备雄厚的资金基础、全面稳定的管理模式、成熟的运营流程等，需要向消费者展示良好的服务水平，以便实现生鲜农产品线上渠道和线下渠道的生产、冷链物流、库存和销售等环节的协调。采用一体化模式的生鲜农产品供应链，由于生鲜农产品的供应商控制着产品生产到销售的每一个环节，可以推动线上渠道和线下渠道的互为完善补充，实现生鲜农产品良好的溯源追踪，提高产品及服务的质量和供应链的效率，降低不同渠道间的竞争和供应链的运营成本，促进整个供应链的合理协调。供应商可以积极利用线上渠道进行生鲜农产品宣传，依托电商平台对农产品的选种、培育、喂养、施肥等生产过程进行展示，通过线下实体店铺让消费者切实感受到生鲜农产品的质量可靠，促进信息的交流沟通，增强消费者对于品牌产品的信任度和满意度，最终树立良好的品牌形象。在一体化模式中，供应商通过网络销售和实体销售两条渠道直接面对消费者，可以及时准确预测和感知消费者的商品需求数量和商品偏好的改变，并迅速调整生产计划，降低传统渠道居高不下的库存率，推动生态朝着柔性化、系统化方向发展。但庞大的组织体系伴随的便是管理难度的剧增，生鲜农产品供应链一体化模式势必牵涉到许多不同性质的部门，对企业领导的统筹和协调能力是一个巨大的挑战，因此实际中完整复刻此类模式的企业较少。

6.2.2 生鲜电商供应链渠道冲突分析

（1）冲突的类型

借鉴相关学者已有研究，本书中渠道冲突的概念为：在供应链中，渠道成员企业或者个体察觉到其他成员采取的行为不利于自己实现期望目标，可能导致自身利益受损的一种不和谐状态。

经查阅文献得知，渠道冲突的存在由来已久，从早期的单纯传统线下渠道到最近的双渠道或者多渠道，渠道冲突由于各种各样的原因总是难以避免。如今，许多文献从不同的研究视角和理论出发，对渠道冲突的类型进行划分并深入研究具体的特征。本书根据冲突对象来划分的生鲜农产品双渠道供应链冲突类型，主要包括以下三种类型：

①横向冲突

渠道横向冲突，又可以称为渠道的水平冲突，是指供应链中的位于同一层级或扮演着相同角色的渠道成员之间的冲突，生鲜农产品的末端零售商均直接与消费者接触，由于目标消费者数量有限，为了抢占市场零售商可能不惜牺牲部分利益从而引起恶性竞争，产生渠道间横向冲突。其原因主要是供应链中的主导企业、行业协会等没有对目标市场进行合理的规划，没有事先制定相关的规则对渠道成员的数量、位置、辐射范围进行协调，造成区域范围内提供生鲜农产品的供应商和零售商数量过多，从而引发渠道冲突导致供应链整体效率下降。

②纵向冲突

渠道纵向冲突，是指供应链中上下游的渠道成员在决策后产生的冲突，如供应商在向下游实体零售商批发生鲜农产品的同时直接面向消费者开通网络直销渠道。供应商在决策过程中处于主导地位，既可以决定对零售商的批发价格，又可以对网络直销渠道的农产品价格进行决策，由于电子商务网络渠道减少了部分中间商环节，这往往使得网络直销渠道价格低于实体终端渠道价格，使得传统零售商与供应商之间形成竞争关系，从而产生了供应商与零售商之间的纵向渠道冲突，影响了供应链整体利润。

纵向冲突产生的主要原因是位于同一供应链的渠道成员间的利润分配不合理、信息难以共享、沟通不当等管理控制问题，使得实力较强的渠道成员开始对上下游的企业发起挑战或者压缩其利润空间，最后产生了降低供应链整体利润的双重边际效应。

③不同渠道间的冲突

不同渠道间的冲突，是指供应链成员为了迎合市场发展趋势、提高市场占有率而引入新的渠道，对原来的渠道产生威胁，在新渠道与原有渠道之间形成的冲突。

（2）影响冲突的因素

根据现有对于供应链渠道冲突的研究可知，供应链成员之间是一种既相互竞争又相互依存的关系，使得纵向冲突和横向冲突难以避免。随着互联网移动终端和电子商务的普及，生鲜电商所形成的新型生鲜农产品销售渠道凭借着较低的商品价格、快速的物流服务抢占市场份额，与原有的销售渠道形成了渠道间的冲突。在供应链成员之间、供应链渠道之间适当的竞争和冲突有利于提高生鲜农产品的质量和服务水平，平衡市场价格，优化和提高供应链的结构和效率，实现供应链上下游成员利益的协调。如果冲突过度，难以实现控制管理，实力较强的供应链成员便会利用自身所处的优势地位对供应链中实力较弱的个体或者中小企业进行利润的剥削，以维护自己的利润或者实现自己的预期目标，个体或者中小企业难以与其进行博弈从而利润受损，更为严重时会引发恶性竞争，造成供应链整体利润大幅度减少。因此识别影响渠道冲突的原因，有利于供应链中的个体或者中小企业应对来自强势供应链成员的挑战，推动供应链整体利润改善。

①与生鲜农产品相关的因素。

第一是价格因素。商品价格差异因素是引发双渠道供应链冲突的普遍性、关键性因素，相对于传统线下实体渠道需要支付高昂的店铺租赁费用、员工工资等成本，网络直销渠道解决了生鲜农产品流通过程中环节过多和销售过程中产销脱节问题，加之冷链物流技术不断发展降低了配送过程中的不必要的质量损耗，使得生鲜农产品从供应商库存到顾客消费过程中的运营成本等费用极大降低，最终呈现的结果为电商渠道的生鲜农产品价格低于传统实体店铺价格约 10% 左右，较低的生鲜农产品价格驱动注重性价比和不强调即买即得的消费者，如学生群体、白领工作者等顾客从传统实体渠道转向网络渠道，最终激起了线上线下渠道之间的竞争和冲突。

第二是促销因素。生鲜农产品区别于其他产品的一个显著特点就是具有很强的易腐性，同时还具有季节性、生命周期短等特点，网络渠道的供应链成员普遍会根据农产品预期成熟上市时间，提前在电商平台或者其他媒介上进行多途径宣传预售，吸引消费者的注意和预订，以减少农产品库存滞留时间，降低数量、质量的损耗，提高供给产品质量和消费者的满意度；对于传统实体店铺，消费者到店消费大多看重即买即得的特点，进行预售时宣传效果有限并且难以像网店那样进行线上快速便捷支付定金，导致实体店铺相同农产品上架时销量减少，引发冲突。随着淘宝"双 11"、京东"6·18"等电商购物节的流行，在购物节活动期间，平台与店铺联手通过打折等促销活动不断降低消费者购买生鲜农产品的价格，引导消费者集中消费，将消费者从其他渠道转移到网络渠道或者将消费者产品需求集中到某一特定时间，而实体店铺由于成本原因难以进行大幅度的折扣或者降价，受到线上促销活动的强烈冲击，加剧了不同渠道间供应链的冲突。

第三是产品因素。生鲜农产品具有同质化程度高、同类产品辨识度低等特点，一方面，网络直销渠道的供应链成员为了促进销售、抢占市场会采用产品差异化策略，利用精细的加工、优质的包装等打造生鲜农产品专属品牌；另一方面，伴随着居民收入水平的提高，消费者更加看重生鲜农产品的质量和安全，在混合渠道模式的供应链中供应商掌控着生鲜农产品从生产到销售的全部环节，往往会在生产环节走绿色化、优质化的发展道路，如采取生物技术进行杀虫来避免使用农药、使用有机肥来代替化肥等以提高生鲜农产品的品质，并且采用大数据、区块链、物联网技术等对生产和流通过程进行记录，借助视频形式在电商平台进行展示，以便消费者进行溯源查询。以上行为从不同角度向消费者提供了更高的产品附加值，弥补了网络购物时消费者难以对生鲜农产品进行直接感官接触的缺陷，提高了消费者对于品牌产品的信任度，侵占了更多实体店铺市场份额，成为渠道冲突的重要原因之一。

第四是服务因素。网络渠道虽然有着明显的价格优势，但是在购买时的体验服务和购买后的物流服务都会成为生鲜农产品供应链冲突的重要诱因。一方面，消费者通过网络直销渠道购买生鲜农产品时，只能通过卖家放置于商品介绍和详情页面的图片、视频、文字内容了解农产品的品质特点，很难准确感知农产品的状态，这将降低消费者的购物体验，而在线下渠道消费者可以通过接触农产品提高感知度；另一方面，生鲜农产品具有突出价值随时间降低的特点，对流通和配送过程中的冷链技术要求严格，目前我国的冷链技术有待提高，冷库、冷链配送车辆等基础设施投入不足，再加上最后一公里配送问题难以解决，造成配送滞后、农产品损耗严重等现象常有发生，从而降低了消费者的满意度，使得消费者转向线下实体门店购买农产品，最终引发渠道间冲突。

②与供应链成员相关的因素。

第一是目标差异。目标差异是指由于供应链中的成员可能来自不同的行业、在供应链中处于不同的地位，在制定目标时均从自身利益最大化进行决策，并希望自身期望目标最佳，使得供应链各成员目标产生差异，甚至部分目标是需要牺牲上下游企业的利益才可实现，根据目标采取生产或者销售行为时便会造成渠道冲突的产生。例如生鲜农产品供应商希望零售商制定的售价较低以增加产品的销售量并且附带对供应商品牌的宣传和支持，但是零售商便会觉得供应商没有给予足够的批发价格优惠，压缩了零售商的定价和利润空间。

第二是认知和理解差异。由于供应链成员在渠道中收集到的信息不同，因此对于同一件事物和现象的认知和理解存在误差，并且成员之间时常各自为营，缺乏有效的沟通和有价值信息的共享，容易让成员的主观因素导致彼此误会并发展为冲突。

6.3　生鲜电商供应链协调

6.3.1　问题描述与模型假设

（1）问题描述

本书研究的是电子商务环境下由单个生鲜电商企业（R）与单个 TPL 服务商（L）构成的二级生鲜农产品供应链。生鲜产品由自身拥有生产基地的生鲜电商提供，故生鲜电商不仅负责产品的供应，也负责在电商平台上进行销售。生鲜电商在网络平台进行商品展示，并提供咨询等相关服务。消费者可以在网络平台选择相应产品，并下单付款。作为生鲜电商的物流外包方，TPL 负责将消费者在网上订购的生鲜产品从生鲜电商的生产基地运到消费者手中，TPL 在此过程中提供一定的冷链物流服务。

在该供应链中，TPL 服务商负责生鲜产品的保鲜，保鲜努力水平就是用来量化 TPL 对生鲜产品的保鲜程度的一个指标。在 TPL 现有的设施设备以及管理水平下，TPL 服务商提供的保鲜努力水平用 e_l 来表示，TPL 服务商的保鲜努力水平是可以通过努力进行提高的，但是进行努力水平提升时要付出额外的保鲜成本，所以正常情况下 TPL 是不愿意提升保鲜努力水平的。由于产品质量水平会影响市场需求，生鲜电商企业是希望提高产品质量水平以便提高市场需求的，因此其会对产品生产供应的各个环节进行质量监督。为对其进行量化，本书用 q_0 表示生鲜电商企业具备的基本质量监督水平，并且认为在短期时间内由于生鲜电商管理能力的限制，其质量监督水平很难提高，即 q_0 是个定值。本书将要设计最优的协调机制，既可以提升供应链各主体利润，又可以提升 TPL 的保鲜努力水平。

供应链的运作模式如图 6-1 所示。

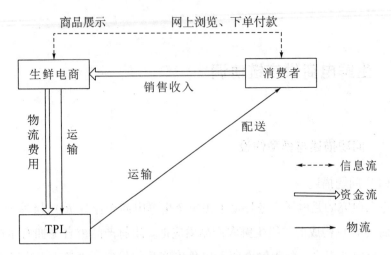

图 6-1　生鲜电商供应链的运作模式

（2）模型假设

为了便于分析问题，本书基于以下假设：

假设 1：生鲜电商与 TPL 服务商都是完全理性的，并且两者的风险偏好都是中性的，双方的信息是共同知识，即信息能够实现完全共享，是对称的。它们在供应链中各自以追求自身利益最大化为目标。

假设 2：生鲜产品的需求量 d 受多种因素的影响，本书选取了三个主要的影响因素，它们分别为生鲜产品的销售价格 p、产品新鲜度 θ 以及生鲜电商平台的质量监督水平 q（监督生鲜产品的品质和安全、是否损坏等）。一般来说，需求量与生鲜产品的销售价格成反比，与生鲜产品的新鲜度成正比，与生鲜电商平台的质量监督水平成正比。即：销售价格 p 越高，需求量 d 越小；产品的新鲜度 θ 越高，需求量 d 越大；生鲜电商平台对生鲜产品的质量监督水平 q 越大，需求量 d 越大。

保鲜努力水平 e_l 会影响新鲜度 θ，运用契约论中努力水平与目标变量的线性乘积关系，将保鲜努力水平 e_l 与新鲜度 θ 之间的函数关系表示为：$\theta(e_l) = \theta_0 e_l$。$\theta_0$ 为 TPL 运输之前的生鲜产品的新鲜度，且 $0 < \theta_0 \leq 1$。根据该函数表达式的一阶导数为 θ_0 可知，随着 TPL 保鲜努力水平的提高，生鲜产品的新鲜度 θ 是在增加的，并且可得其增加的边际新鲜度是常数 θ_0。另外，前文已设定生鲜电商具有基本质量监督水平 q_0，故在现有文献的基础上，根据经济学中市场需求的线性需求原理，假定市场需求函数为：

$$d = a - bp + \lambda\theta_0 e_l + kq_0 (a, b, \lambda, k > 0) \qquad (6-1)$$

根据常识可知，e_l 不可能无限增大，故设定 $0 < e_l < 1$。

假设3：由于 TPL 服务商提高保鲜努力水平需要改善生鲜产品的冷藏、保鲜等相关环境，这会使其付出额外的保鲜成本，将其记为 $C(e_l)$。参考相关文献将保鲜努力水平与保鲜成本的函数表达式设定为：$C(e_l) = \frac{1}{2}\mu e_l^2$，$\mu(\mu > 0)$ 为 TPL 服务商的产品保鲜成本系数。从该表达式的一阶导数可知，TPL 在提升保鲜努力水平的过程中，保鲜成本是在不断增加的；又因该表达式的二阶导数为 $\mu > 0$，说明随着 e_l 的增加，保鲜的边际成本是呈现出一种递增趋势的。可以结合实际情况及经济学原理来理解，显而易见的是当 TPL 将保鲜努力水平提升到一定程度时，再提高同样保鲜努力水平的话，其花费的成本会比之前要高得多。另外，前文所述的生鲜电商的质量监督也是存在成本的，本书参考文献中质量成本的二次形式表达式，将生鲜电商基本质量监督水平下的基本质量监督成本表示为 $C(q_0)$，$C(q_0) = \frac{1}{2}hq_0^2$，$h(h > 0)$ 表示质量成本变动系数。综上分析可得，本书对于一些变量的设定及表示是合理的，并且具有一定的理论依据，能够很好地体现供应链模型中的一些实际意义。

假设4：在该生鲜电商供应链中，生鲜电商企业占主导地位。生鲜电商能根据市场需求及时提供生鲜产品，不存在缺货现象，生鲜电商的订单都由 TPL 来承担，TPL 能实现及时配货。

结合上文的叙述，现将本书涉及的模型参数及符号含义归纳如表6-1所示：

表6-1　模型参数及意义

模型参数	代表的意义
d	生鲜电商的市场需求量
p	单位生鲜农产品的销售价格
a	生鲜农产品的潜在市场需求
b	市场需求对生鲜农产品销售价格的弹性系数

表6-1(续)

模型参数	代表的意义
λ	市场需求对保鲜努力水平的弹性系数
k	生鲜电商平台质量监督水平对市场需求的边际影响
μ	TPL 服务商的产品保鲜成本系数
h	生鲜电商企业的质量成本变动系数
φ	生鲜电商企业分享收入比例系数，$0<\varphi<1$
ω	TPL 服务商分担保鲜努力成本比例系数，$0<\varphi<1$
σ	生鲜电商企业分担质量监督成本比例系数，$0<\varphi<1$
q_0	生鲜电商平台的基本质量监督水平
θ	生鲜产品的新鲜度
θ_0	TPL 服务商运输前的新鲜度
e_l	TPL 对生鲜产品提供的保鲜努力水平
c_r	生鲜电商的单位产品成本
c_l	TPL 提供单位生鲜产品的物流成本
p_l	TPL 提供的单位生鲜产品的物流服务价格
π_c	整个供应链的利润
π_r	生鲜电商企业的利润
π_l	TPL 服务商的利润

6.3.2 生鲜电商供应链协调模型的构建

（1）集中决策模型

所谓供应链协调的集中决策模型，就是将生鲜电商平台与 TPL 服务商看成一个利益方向完全一致的整体，不考虑供应链内部的相关结算，整个供应链系统的利润最大化是集中决策模型下的决策依据。在该模型下，整个供应链的收入就是生鲜电商销售生鲜产品的全部销售收入，而成本就是生鲜产品的产品成本、物流运输成本、生鲜电商的基本质量监督成本以及 TPL 服务商的保鲜努力成本。所以，在该模式下整个生鲜电商供应链的利润为：

$$\pi_c(e_l, p) = (p - c_r - c_l)(a - bp + \lambda\theta_0 e_l + kq_0) - \frac{1}{2}\mu e_l^2 - \frac{1}{2}hq_0^2$$

$$(6 - 2)$$

对公式（6-2）求 e_l 的一阶偏导得 $\frac{\partial \pi_c}{\partial e_l} = \lambda\theta_0[p - c_r - c_l] - \mu e_l$，再求

二阶偏导得 $\frac{\partial^2 \pi_c}{\partial e_l^2} = -\mu < 0$，同时求得偏微分为 $\frac{\partial \pi_c}{\partial e_l \partial p} = \lambda\theta_0$；同理对公式

（6-2）求 p 的一阶偏导得 $\frac{\partial \pi_c}{\partial p} = a + \lambda e_l\theta_0 + kq_0 + (c_r + c_l)b - 2bp$；再求二

阶偏导得，$\frac{\partial^2 \pi_c}{\partial p^2} = -2b < 0$，同时求得偏微分为 $\frac{\partial \pi_c}{\partial e_l \partial p} = \lambda\theta_0$。故可写出公式

（6-2）的 Hessian 矩阵：$H = \begin{bmatrix} -2b & \lambda\theta_0 \\ \lambda\theta_0 & -\mu \end{bmatrix}$，$H$ 的一阶主子式为：

$$|H_1| = -2b < 0 \qquad (6 - 3)$$

H 的二阶主子式为

$$|H_2| = 2b\mu - \lambda^2\theta_0^2 \qquad (6 - 4)$$

根据判定 Hessian 矩阵负定的条件可知，当 $|H_2| = 2b\mu - \lambda^2\theta_0^2 > 0$ 时，Hessian 为负定矩阵，π_c 为 (e_l, p) 的严格凹函数，具有极大值，所以存在唯一的 (e_{l0}, p_0)，使得 π_c 最大。

故当一阶导数 $\frac{\partial \pi_c}{\partial e_l} = 0$；$\frac{\partial \pi_c}{\partial p} = 0$ 时，可解得使 π_c 最大的 (e_{l0}, p_0) 如下：

$$e_{l0} = \frac{\lambda\theta_0(p - c_r - c_l)}{\mu} \qquad (6 - 5)$$

$$p_0 = \frac{a + \lambda\theta_0 e_{10} + (c_r + c_l)b + kq_0}{2b} \qquad (6 - 6)$$

所以，将 (e_{l0}, p_0) 代入 π_c 的表达式中，便可得到系统的最优利润，记为 $\pi_c^*(e_{e0}, p_0)$。

集中决策模式下的系统利润是整个供应链中生鲜电商企业与 TPL 服务

商在理想化合作情况下的最大利润。

（2）分散决策模型

在分散决策模型下，生鲜电商企业与 TPL 服务商是两个相互独立的主体，双方决策的依据分别是各自的利益最大化。前文中已提到在该供应链中，生鲜电商企业占主导地位，所以在分散决策模式下，生鲜电商企业与 TPL 服务商的决策存在先后顺序，运用 Stackelberg 博弈的相关知识，对博弈过程进行分析：

首先，生鲜电商企业根据自身经营能力、设备设施及管理水平的状况，确定自身的基本质量监督水平 q_0 和生鲜农产品的销售价格 p，本书的 q_0 是生鲜电商处于自身情况下能够尽力提供的质量监督水平，是不随之后生鲜电商的其他决策而发生改变的。之后 TPL 根据了解到的生鲜电商企业的市场信息，报出 p_l 与 e_l。然后生鲜电商企业对 TPL 提供的 p_l 和 e_l 进行分析，判断单位生鲜农产品冷链物流服务价格 p_l 是否合理以及保鲜努力水平 e_l 能否满足自身要求，进一步选择是否接受 TPL 服务商的报价。若生鲜电商选择接受，则双方达成协议。生鲜电商企业根据合同向 TPL 支付一定的物流服务费用。若生鲜电商不接受，则 TPL 服务商重新调整 p_l 与 e_l，直到双方达成协议或者终止。

该博弈模型下的生鲜电商利润函数为：

$$\pi_r^f(e_l,\ p) = (p - c_r - p_l)(a - bp + \lambda\theta_0 e_l + kq_0) - \frac{1}{2}hq_0^2 \quad (6-7)$$

公式（6-7）是关于 p 与 e_l 的二元函数，对公式（6-7）求 p 的一阶偏导得：

$$\frac{\partial\pi_r^f(e_l,\ p)}{\partial p} = a + \lambda\theta_0 e_l + kq_0 + b(c_r + p_l) - 2bp \quad (6-8)$$

再求二阶偏导得：$\dfrac{\partial^2\pi_r^f(e_l,\ p)}{\partial p^2} = -2b < 0$。二阶偏导小于零，说明 π_r 是 p 的凹函数，故令一阶偏导 $\dfrac{\partial\pi_r^f(e_l,\ p)}{\partial p} = a + \lambda\theta_0 e_l + kq_0 + b(c_r + p_l) - 2bp = 0$，可以得到唯一最优的价格 p_1，即：

$$p_1 = \frac{a + \lambda\theta_0 e_l + kq_0 + b(c_r + p_l)}{2b} \quad (6-9)$$

计算生鲜电商利润函数公式（6-7）求关于保鲜努力水平 e_l 的一阶偏导得，$\dfrac{\partial \pi_r^f(e_l,\ p)}{\partial e_l} = \lambda \theta_0 (p - c_r - p_l)$。根据常识可知，生鲜电商企业要想盈利，则有 $p > c_r + p_l$，因而 $p - c_r - p_l > 0$，又 $\lambda > 0$，$\theta_0 > 0$，故 $\lambda \theta_0 > 0$；进而 $\dfrac{\partial \pi_r^f(e_l,\ p)}{\partial e_l} = \lambda \theta_0 (p - c_r - p_l) > 0$。$\dfrac{\partial \pi_r^f(e_l,\ p)}{\partial e_l} > 0$ 说明了当提高 e_l 时，生鲜电商企业的利润在变大，这当然是生鲜电商企业所希望看到的。提高 e_l 不仅能让消费者收到更新鲜的产品，也能增加生鲜电商的利润，对生鲜电商与消费者都有益处，可是对于 TPL 而言呢？TPL 提高 e_l 是需要额外付出成本的，在双方都以各自利益最大化为决策目标，而没有一定激励机制的情况下，TPL 当然是不愿意提高 e_l。

分散决策下 TPL 的利润函数是：

$$\pi_l^f(e_l,\ p) = (p_l - c_l)\,(a - bp + \lambda \theta_0 e_l + kq_0) - \frac{1}{2}\mu e_l^2 \qquad (6-10)$$

对公式（6-10）求关于保鲜努力水平 e_l 的一阶导数得：

$$\frac{\partial \pi_l^f(e_l,\ p)}{\partial e_l} = \lambda \theta_0 (p_l - c_l) - \mu e_l \qquad (6-11)$$

再求二阶导数得：$\dfrac{\partial^2 \pi_l^f(e_l,\ p)}{\partial e_l^2} = -\mu < 0$，这说明 π_l 是关于 e_l 的凹函数，故令一阶导数 $\dfrac{\partial \pi_l^f(e_l,\ p)}{\partial e_l} = \lambda \theta_0 (p_l - c_l) - \mu e_l = 0$，可以得到最优保鲜努力水平 e_l，即：

$$e_{l1} = \frac{\lambda \theta_0 (p_l - c_l)}{\mu} \qquad (6-12)$$

用 $\pi_c^f(e_l,\ p)$ 表示分散决策下系统的总利润，则：

$$\pi_c^f(e_l,\ p) = \pi_r^f(e_l,\ p) + \pi_l^f(e_l,\ p) \qquad (6-13)$$

将分散决策下最优的保鲜努力水平 e_l、最优的价格 p_1 代入 π_c，则可记作 $\pi_c^f(e_{l1},\ p_1) = \pi_r^f(e_l,\ p) + \pi_l^f(e_l,\ p)$。

为了更好地说明分散决策下整个生鲜电商供应链存在的不协调问题，现将供应链集中决策模式与分散决策模式进行对比可得以下三个命题，以期说明供应链协调的必要性。

命题一：$e_{l0} > e_{l1}$。

证明：根据实际情况，为保证生鲜电商企业与 TPL 服务商都能够盈利，生鲜电商企业的单位生鲜产品销售价格一定是大于其单位生鲜产品的生产成本与支付给 TPL 物流服务商的单位冷链物流价格之和的，同理 TPL 的冷链物流价格是大于 TPL 提供单位生鲜产品的物流成本。即：$p > c_r + p_l$，$p_l > c_l$。所以 $p > c_r + p_l$，进一步推出 $p - c_r - c_l > p_l - c_l$。比较公式（6-5）与公式（6-12）可知：$e_{l0} = \dfrac{\lambda\theta_0(p - c_r - c_l)}{\mu} > \dfrac{\lambda\theta_0(p_l - c_l)}{\mu} = e_{l1}$，故命题一得证。

命题二：

$$p_0 = \frac{a\mu + kq_0\mu + (c_r + c_l)(b\mu - \lambda^2\theta_0^2)}{2b\mu - \lambda^2\theta_0^2}, \quad e_{l0} = \frac{\lambda\theta_0[a + kq_0 - b(c_r + c_l)]}{2b\mu - \lambda^2\theta_0^2}$$

$$p_1 = \frac{a\mu + kq_0\mu + b\mu(c_r + p_l) + \lambda^2\theta_0^2(p_l - c_l)}{2b\mu}$$

$$p_1 - p_0 = \frac{\mu\lambda^2\theta_0^2[b(p_l + c_r) - a - kq_0] + (p_l - c_l)(2b^2\mu^2 - \lambda^4\theta_0^4)}{2b\mu(2b\mu - \lambda^2\theta_0^2)}。$$

证明：将公式（6-5）与公式（6-6）联立求解方程组，可得：

$$p_0 = \frac{a\mu + kq_0\mu + (c_r + c_l)(b\mu - \lambda^2\theta_0^2)}{2b\mu - \lambda^2\theta_0^2} \tag{6-14}$$

$$e_{l0} = \frac{\lambda\theta_0[a + kq_0 - b(c_r + c_l)]}{2b\mu - \lambda^2\theta_0^2} \tag{6-15}$$

将公式（6-9）与公式（6-12）联立求解方程组，可得：

$$p_1 = \frac{a\mu + kq_0\mu + b\mu(c_r + p_l) + \lambda^2\theta_0^2(p_l - c_l)}{2b\mu} \tag{6-16}$$

$$e_{l1} = \frac{\lambda\theta_0(p_l - c_l)}{\mu} \tag{6-17}$$

则将 p_1 与 p_0 相减，并计算整理结果如下：

$$p_1 - p_0 = \frac{\mu\lambda^2\theta_0^2[b(p_l + c_r) - a - kq_0)] + (p_l - c_l)(2b^2\mu^2 - \lambda^4\theta_0^4)}{2b\mu(2b\mu - \lambda^2\theta_0^2)}$$

$$(6 - 18)$$

如上所述，命题二得证。

通过以上分析可知，本书所得到的结论具有较好的普适性和易用性，虽然此处无法直接比较 p_1 与 p_0 的优劣，但是只要确定了其他参数的具体取值，就可以利用上述公式比较简单地得到具体结果。后文数值仿真部分也会有具体的比较分析过程。

命题三：$\pi_c^*(e_{l0}, p_0) > \pi_c^f(e_{l1}, p_1) = \pi_r^f(e_l, p) + \pi_l^f(e_l, p)$。

证明：因为 $\pi_c^f(e_{l1}, p_1) = \pi_r^f(e_l, p) + \pi_l^f(e_l, p)$，并且 e_{l0}, p_0 是二元凹函数 $\pi_c(e_l, p)$ 的最优解，而 e_{l1}, p_1 只是二元凹函数 $\pi_c(e_l, p)$ 的一个可行解，同时存在 $e_{l0} > e_{l1}$，又因 π_c 是整个供应链的利润，要求的是最大值，故而在这里根据数学知识可知最优解大于可行解，即：$\pi_c^*(e_{l0}, p_0) > \pi_c^f(e_{l1}, p_1) = \pi_r^f(e_l, p) + \pi_l^f(e_l, p)$。命题三得证。

根据上述命题一与命题三可知，分散决策下的保鲜努力水平与系统利润均低于集中决策。简单来讲，就是说分散决策下的系统利润出现了损失。这说明了当生鲜电商企业与 TPL 服务商双方作为独立的决策个体，并以自身利益最大化为目标时，供应链出现了"双重边际效应"，造成了系统利润的缺失。

6.3.3 生鲜电商供应链契约的协调模型

从上述分析中可以看出，当生鲜电商企业与 TPL 服务商各自追求自身利益最大化而不是整个供应链利益最大化时，TPL 保鲜努力水平下降，系统利润降低。为了解决由此产生的供应链失调现象，使得供应链的系统利润不再有所缺失，本书拟引入"收益共享—成本共担"契约以实现供应链协调。生鲜电商为了激励 TPL 服务商提高保鲜努力水平，进而提高生鲜产品的新鲜度，将与 TPL 服务商共同承担保鲜努力成本，并将自身部分销售收入按一定比例分享给 TPL 服务商，具体如下文所示。

假设生鲜电商保留比例为 $\varphi(0 < \varphi < 1)$ 的自身销售收入，将比例为

$1 - \varphi$ 的销售收入分享给 TPL；TPL 服务商承担比例为 $\omega(0 < \omega < 1)$ 的保鲜努力成本，同时生鲜电商企业分担比例为 $1 - \omega$ 的保鲜努力成本。不同于以往的"收益共享—成本共担"契约，由于本书中生鲜电商企业有固定的质量监督成本，为了实现协调，则令 TPL 帮助生鲜电商企业承担比例为 $1 - \sigma(0 < \sigma < 1)$ 的基本质量监督成本，生鲜电商企业则承担比例为 σ 的基本质量监督成本。收益共享与成本共担契约下双方的利润函数如下文所示。首先，把生鲜电商的利润函数记为 $\pi_r^x(e_l, p)$，则：

$$\pi_r^x(e_l, p) = \varphi pd - (c_r + p_l) d - (1 - \omega) \frac{1}{2}\mu e_l^2 - \sigma \frac{1}{2}hq_0^2 \qquad (6-19)$$

在明确了利润函数后，下面将对上式求解最优解，先对上式求一阶偏导得，$\dfrac{\partial \pi_r^x(e_l, p)}{\partial p} = \varphi(a + \lambda\theta_0 e_l + kq_0) + b(c_r + p_l) - 2b\varphi p$；再求 p 的二阶偏导得，$\dfrac{\partial \pi_r^x(e_l, p)}{\partial p^2} = -2b\varphi < 0$，二阶偏导小于零。这表明，$\pi_r^x(e_l, p)$ 是 p 的凹函数，故令一阶偏导 $\dfrac{\partial \pi_r^x(e_l, p)}{\partial p} = \varphi(a + \lambda\theta_0 e_l + kq_0) + b(c_r + p_l) - 2b\varphi p = 0$，可以得到成本共担与收益共享契约下生鲜电商唯一最优的价格 p_2，即：

$$p_2 = \frac{\varphi(a + \lambda\theta_0 e_l + kq_0) + b(c_r + p_l)}{2b\varphi} \qquad (6-20)$$

收益共享成本共担下的 TPL 服务商利润函数记为 $\pi_r^x(e_l, p)$：

$$\pi_l^x(e_l, p) = (p_l - c_l) d + (1 - \varphi)pd - \omega C(e_l) - (1 - \sigma) \frac{1}{2}hq_0^2$$

$$(6-21)$$

同理可知，在求解此利润函数时还是对公式（6-21）求关于 e_l 的二阶偏导小于零，说明 $\pi_l(e_l, p)$ 是关于保鲜努力水平 e_l 的凹函数，故令一阶偏导等于零，可以得到成本共担与收益共享契约下 TPL 服务商唯一最优的保鲜努力水平 e_{l2}，即：

$$e_{l2} = \frac{\lambda\theta_0 [(p_l - c_l) + (1 - \varphi)p]}{\mu\omega} \qquad (6-22)$$

所以，将 (e_{l2}, p_2) 代入 π_c 的表达式中，便可得到系统的最优利润，

记为 $\pi_c^x(e_{l2},\ p_2)$。

命题四：存在契约使得该生鲜电商供应链系统达到协调状态，当契约参数满足 $p_l = \varphi c_l - (1 - \varphi)c_r$，$\omega = 1 - \varphi$ 时，有 $p_2 = p_0$，$e_{l2} = e_{l0}$。

证明：由上文可知 p_0 与 p_2，e_{l0} 与 e_{l2} 的表达式，当 $p_2 = p_0$，$e_{l2} = e_{l0}$，$p_l = \varphi c_l - (1 - \varphi)c_r$，$\omega = 1 - \varphi$ 时，上述关系成立，故而命题四得证。

命题五：当协调契约参数满足 $p_l = \varphi c_l - (1 - \varphi)c_r$，$\omega = 1 - \varphi$，$\sigma = \varphi$ 时，有 $\pi_r^x(e_l,\ p) = \varphi\pi_c(e_l,\ p)$，$\pi_l^x(e_l,\ p) = \omega\pi_c(e_l,\ p)$，$\pi_c^x(e_{l2},\ p_2) = \pi_c^*(e_{l0},\ p_0)$。

证明：(1) 不妨设 $\pi_r^x(e_l,\ p) = X\pi_c(e_l,\ p)$，$\pi_l^x(e_l,\ p) = Y\pi_c(e_l,\ p)$，此时将 $p_l = \varphi c_l - (1 - \varphi)c_r$，$\omega = 1 - \varphi$，$\sigma = \varphi$ 分别代入上述等式可以得到如下关系：

$$\varphi\left[(p - c_r - c_l)\ d - \frac{1}{2}\mu e_l^2 - \frac{1}{2}hq_0^2 \right] = X\left[(p - c_r - c_l)\ d - \frac{1}{2}\mu e_l^2 - \frac{1}{2}hq_0^2 \right]$$

$$(6 - 23)$$

$$\omega\left[(p - c_r - c_l)\ d - \frac{1}{2}\mu e_l^2 - \frac{1}{2}hq_0^2 \right] = Y\left[(p - c_r - c_l)\ d - \frac{1}{2}\mu e_l^2 - \frac{1}{2}hq_0^2 \right]$$

$$(6 - 24)$$

故若使左右两边相等，则 $X = \varphi$，$Y = \omega$，进而得出 $\pi_r^x(e_l,\ p) = \varphi\pi_c(e_l,\ p)$，$\pi_r^x(e_l,\ p) = \varphi\pi_c(e_l,\ p)$。

(2) 因为 $\pi_c^x(e_{l2},\ p_2) = \pi_r^x(e_l,\ p) + \pi_l^x(e_l,\ p)$，整理可得：

$$\pi_c^x(e_{l2},\ p_2) = (p_2 - c_r - c_l)\ d - \frac{1}{2}\mu e_{l2}^2 - \frac{1}{2}hq_0^2 = \pi_c(e_{l2},\ p_2)\quad (6 - 25)$$

又因为 $e_{l2} = e_{l0}$，所以得 $\pi_c^x(e_{l2},\ p_2) = \pi_c^*(e_{l0},\ p_0)$。因此，命题五得证。

命题六：在协调契约参数满足命题四与命题五的条件下，当 $\dfrac{\alpha_1}{\beta_1} < \varphi < \dfrac{\alpha_2}{\beta_1}$ 时，有 $\pi_r^x(e_{l2},\ p_2) > \pi_r^f(e_{l1},\ p_1)$，$\pi_l^x(e_{l2},\ p_2) > \pi_l^f(e_{l1},\ p_1)$，$\pi_c^x(e_{l2},\ p_2) > \pi_c^f(e_{l1},\ p_1)$。其中，$\alpha_1 = (p_1 - c_r - p_l)\ (a - bp_1 + \lambda\theta_0 e_{l1} + kq_0) + (c_r + p_l)\ (a - bp_0 + \lambda\theta_0 e_{l0} + kq_0) - \dfrac{1}{2}hq_0^2$，$\alpha_2 = (p_0 + p_l - c_l)\ (a - bp_0$

$$+ \lambda\theta_0 e_{l0} + kq_0) + \frac{1}{2}\mu(e_{l1}^2 - e_{l0}^2) - (p_l - c_l)(a - bp_1 + \lambda\theta_0 e_{l1} + kq_0) - \frac{1}{2}hq_0^2,$$

$$\beta_1 = p_0(a - bp_0 + \lambda\theta_0 e_{l0} + kq_0) - \frac{1}{2}\mu e_{l0}^2 - \frac{1}{2}hq_0^2 。$$

证明：综合考虑不同决策模式下的最优销售价格与最优保鲜努力水平，比较如下：

（1）当 $\pi_r^x(e_{l2}, p_2) > \pi_r^f(e_{l1}, p_1)$ 时，有：

$$(\varphi p_2 - c_r - p_l)d - (1 - \omega)\frac{1}{2}\mu e_{l2}^2 - \frac{1}{2}\sigma hq_0^2 > (p_1 - c_r - c_l)d - \frac{1}{2}hq_0^2$$

$$(6-26)$$

又因 $p_l = \varphi c_l - (1 - \varphi)c_r$，$\omega = 1 - \varphi$，$\sigma = \varphi$，代入上式并整理可得：

$$\varphi > \frac{(p_1 - c_r - p_l)(a - bp_1 + \lambda\theta_0 e_{l1} + kq_0) + (c_r + p_l)(a - bp_0 + \lambda\theta_0 e_{l0} + kq_0) - \frac{1}{2}hq_0^2}{p_0(a - bp_0 + \lambda\theta_0 e_{l0} + kq_0) - \frac{1}{2}\mu e_{l0}^2 - \frac{1}{2}hq_0^2}$$

$$(6-27)$$

（2）当 $\pi_r^x(e_{l2}, p_2) > \pi_r^f(e_{l1}, p_1)$ 时，有：

$$(p_l - c_l)d + (1 - \varphi)p_2 d - \omega\frac{1}{2}\mu e_{l2}^2 - (1 - \sigma)\frac{1}{2}hq_0^2 > (p_l - c_l)d - \frac{1}{2}\mu e_{l1}^2$$

$$(6-28)$$

又因 $p_l = \varphi c_l - (1 - \varphi)c_r$，$\omega = 1 - \varphi$，$\sigma = \varphi$，代入上式并整理可得：

当 $\dfrac{\alpha_1}{\beta_1} < \varphi < \dfrac{\alpha_2}{\beta_1}$，有 $\pi_r^x(e_{l2}, p_2) > \pi_r^f(e_{l1}, p_1)$，$\pi_l^x(e_{l2}, p_2) > \pi_l^f(e_{l1}, p_1)$，其中，$\alpha_1 = (p_1 - c_r - p_l)(a - bp_1 + \lambda\theta_0 e_{l1} + kq_0) + (c_r + p_l)(a - bp_0 + \lambda\theta_0 e_{l0} + kq_0) - \frac{1}{2}hq_0^2$，$\alpha_2 = (p_0 + p_l - c_l)(a - bp_0 + \lambda\theta_0 e_{l0} + kq_0) + \frac{1}{2}\mu(e_{l1}^2 - e_{l0}^2) - (p_l - c_l)(a - bp_1 + \lambda\theta_0 e_{l1} + kq_0) - \frac{1}{2}hq_0^2$，$\beta_1 = p_0(a - bp_0 + \lambda\theta_0 e_{l0} + kq_0) - \frac{1}{2}\mu e_{l0}^2 - \frac{1}{2}hq_0^2 。$

（3）又因为 $\pi_c^x(e_{l2}, p_2) = \pi_c^*(e_{l0}, p_0)$，而 $\pi_c^*(e_{l0}, p_0) > \pi_c^f(e_{l1}, p_1)$，故而可以得出 $\pi_c^x(e_{l2}, p_2) = \pi_c^*(e_{l0}, p_0) > \pi_c^f(e_{l1}, p_1)$，因此，命题六

得证。

综合命题四、五、六可知，$p_l = \varphi c_l - (1 - \varphi) c_r$，$\omega = 1 - \varphi$，$\sigma = \varphi$，并且 $\dfrac{\alpha_1}{\beta_1} < \varphi < \dfrac{\alpha_2}{\beta_1}$ 时，$\pi_c^x(e_{l2}, p_2) = \pi_c^*(e_{l0}, p_0)$，且 $\pi_r^x(e_{l2}, p_2) > \pi_r^f(e_{l1}, p_1)$，$\pi_l^x(e_{l2}, p_2) > \pi_l^f(e_{l1}, p_1)$，$\pi_c^x(e_{l2}, p_2) > \pi_c^f(e_{l1}, p_1)$。

这表明双方合作的"收益共享—成本共担"契约能够有效提高整个供应链的收益。在考虑生鲜电商存在基本质量监督成本情形下，只有双方共同承担基本质量监督成本且契约参数满足特定条件时才能使供应链实现帕累托改善。当契约参数满足一定条件时，该契约能够激励 TPL 服务商提高保鲜努力水平，可以使整个供应链的利润达到集中决策下的利润，并能让生鲜电商与 TPL 服务商的利润较分散决策下都有所提高，这是一种"双赢"的局面，是双方都愿意看到的。

6.3.4　数值分析

本书以生鲜水果草莓为例，假设生鲜电商生产品种类型为 A 的草莓，单位草莓的生产成本 $c_r = 12$，TPL 服务商运输前 A 草莓的新鲜度 $\theta_0 = 0.9$，TPL 服务商对 A 草莓的单位冷链物流服务成本 $c_l = 8$，TPL 对 A 草莓的单位冷链物流服务价格 $p_l = 10$，市场潜在需求量为 300，市场需求对生鲜农产品销售价格以及保鲜努力水平的弹性系数都为 10，TPL 服务商的产品保鲜成本系数为 60，生鲜电商的基本质量监督水平为 1，生鲜电商平台质量监督水平对市场需求的边际影响为 20，生鲜电商企业的质量成本变动系数为 12。参数赋值整理如表 6-2 所示：

表 6-2　相关系统参数赋值

	c_r	θ_0	c_l	p_l	λ	μ	k	q_0	b	a	h
赋值	12	0.9	8	10	10	60	20	1	10	300	12

根据表 6-2 中的参数赋值，本书利用 Matlab2016 b 进行数值仿真验证，利用前文各个决策变量和利润的表达式计算出集中决策与分散决策下的最优参数值，如表 6-3 所示：

表 6-3　集中决策与分散决策最优结果对比

	π_c^*	π_r^f	π_l^f	e_{l0}	e_{l1}	p_0	p_1	θ
集中决策	380.059			0.965 1		26.434 3		0.868 59
分散决策	357.682 2	257.682 2	100		0.3		27.135 0	0.27

由表 6-3 可知，集中决策下，该生鲜水果供应链系统最优利润为 380.059；分散决策下，系统的总利润为 $\pi_r^f + \pi_l^f = 257.682\ 2 + 100 = 357.682\ 2$。显然，在分散决策下系统利润损失了 22.376 8，命题三成立。同时，集中决策下的保鲜努力水平 $e_{l0} = 0.965\ 1$，而分散决策下 e_{l1} 只有 0.3。显然，命题一成立。另外，可以计算得知集中决策下 TPL 的保鲜努力水平是分散决策下的 3.217 倍。又根据 $\theta = \theta_0 e_l$，可知集中决策下的 A 草莓的新鲜度也是分散决策下新鲜度的 3.217 倍，可以看出新鲜度的差距是非常大的，给消费者的感受显然不同。

另外，我们看到该数值仿真例子中生鲜电商企业集中决策下的定价为 26.434 3，分散决策下的定价为 27.135 0。为验证数值的正确性，将表 6-2 中的参数赋值代入命题 2 中的 $p_1 - p_0$ 的表达式中，可得 $p_1 - p_0 = 0.700\ 7$。用表 6-3 中的 p_1 减去 p_0，同样得出 0.700 7，两种方法得出数据完全契合。

值得一提的是，在本例中不仅分散决策下的供应链系统利润、保鲜努力水平以及新鲜度低于集中决策，而且对 A 草莓的定价也高于集中决策 0.700 7。这更验证了前文的结论，说明供应链在分散决策下出现了"双重边际效应"，使得供应链失调。

采用文中设计的"收益共享—成本共担"协调契约后，经数值仿真，对参数进行灵敏度分析，可得部分参数的变化情况如表 6-4 所示：

表 6-4　契约协调下参数的灵敏度分析

π_c^x	π_r^x	π_l^x	φ	ω	p_l	e_{l2}	p_2	θ
380.059 0	280.059 00	100.000 0*	0.736 88	0.263 12	2.737 6	0.965 1	26.434 3	0.868 59
380.059 0	277.443 07	102.615 93	0.73	0.27	2.6	0.965 1	26.434 3	0.868 59
380.059 0	273.642 48	106.416 52	0.72	0.28	2.4	0.965 1	26.434 3	0.868 59
380.059 0	269.841 89	110.217 11	0.71	0.29	2.2	0.965 1	26.434 3	0.868 59

表6-4(续)

π_c^x	π_r^x	π_l^x	φ	ω	p_l	e_{l2}	p_2	θ
380.059 0	266.041 30	114.017 70	0.70	0.30	2.0	0.965 1	26.434 3	0.868 59
380.059 0	262.240 71	117.818 29	0.69	0.31	1.8	0.965 1	26.434 3	0.868 59
380.059 0	258.440 12	121.618 88	0.68	0.32	1.6	0.965 1	26.434 3	0.868 59
380.059 0	257.682 2*	122.376 80	0.678 01	0.321 99	1.560 2	0.965 1	26.434 3	0.868 59

注：计算出 φ 与 ω 为无限循环小数，此处部分参数保留 5 位小数。

表 6-4 说明在存在"收益共享—成本共担"契约的 A 草莓供应链中，当生鲜电商企业分享收入的比例系数 φ 为 0.736 88，承担保鲜努力成本与基本质量监督成本的比例系数分别为 0.263 12 与 0.736 88 时，TPL 服务商的利润为 100，与分散决策时自身利润相等，而此时生鲜电商企业的利润高达 280.059 00，比分散决策下自身利润高 22.376 8。与分散决策不同的是，契约协调的 A 草莓供应链系统利润为 380.059 0，这等同于集中决策下的系统利润，而分散决策下系统损失的 22.376 8 经契约协调后被生鲜电商企业获得。

当生鲜电商企业分享收入的比例系数 φ 为 0.678 01，承担保鲜努力成本与基本质量监督成本的比例系数分别为 0.321 99 与 0.678 01 时，生鲜电商企业的利润与分散决策时自身利润相等，为 257.682 2。而此时 TPL 服务商的利润高达 122.376 80，比分散决策时 100 的利润高出了 22.376 8。与分散决策不同的是，契约协调的 A 草莓供应链系统利润为 380.059 0，这与集中决策下的系统利润相等，而分散决策下系统损失的 22.376 8 经契约协调后被 TPL 服务商获得。

当生鲜电商企业分享收入的比例系数 φ 在（0.678 01，0.736 88）区间变化时，"收益共享—成本共担"契约下的供应链系统总利润均达到集中决策下的最优利润 380.059 0，且此时生鲜电商企业与 TPL 服务商的利润均大于分散决策无契约时各自的利润，易知生鲜电商利润变化范围为（257.682 2，280.059 0），TPL 服务商利润变化范围为（100，122.376 8），可以验证命题五、命题六的结论。

值得注意的是，当 φ 的取值从 0.678 01 到 0.736 88 逐渐变大时，系统利润保持最优利润不变，但生鲜电商的利润在逐渐变大，TPL 服务商的利润在逐渐减小。为直观表现契约协调的比例参数及相关利润的变化，利用数值分析软件将上述数据绘图，具体如图6-2、图6-3所示：

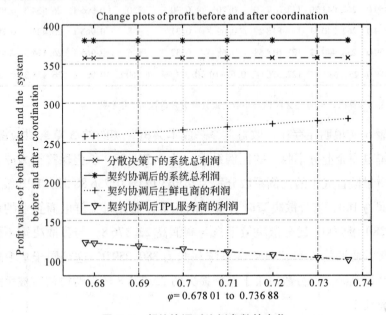

图6-2 契约协调时比例参数的变化

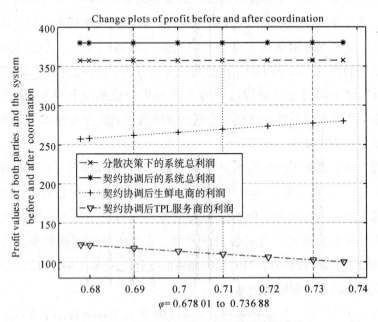

图6-3 协调前后双方企业及系统的利润变化

关于 φ 在实际中是更偏向 0.678 01 还是更偏向 0.736 88，这与双方的讨价议价能力、谈判能力有关。若生鲜电商的谈判与讨价议价能力强一些，则 φ 偏向 0.736 88，双方在保持系统利润最大时，生鲜电商能获得相对较多的利润；若 TPL 服务商的谈判与讨价还价能力强一些，则 φ 偏向 0.678 01，双方在保持系统利润最大时，TPL 服务商能获得相对较多的利润。

本书认为该问题终归是多出的 22.376 8 的利润分配问题，双方要想获得更长久的合作必须彼此做出让步。在此预测双方平分 22.376 8 为最优选择，经计算，平分 22.376 8 时 φ 为 0.707 445，需指出的是现实中双方是不同的决策个体，决策受多种因素影响，该预测的准确性有待研究。

关于契约协调时参数变化必然会引起的质量监督成本与保鲜努力成本变化，经过数值仿真后得出数据如表 6-5 所示：

表 6-5　契约协调下参数的灵敏度分析

φ	ω	σ	e_{l2}	$\omega C(e_{l2})$	$(1-\omega)\,C(e_{l2})$	$\sigma C(q_0)$	$(1-\sigma)\,C(q_0)$
0.736 88	0.263 12	0.736 88	0.965 1	7.352 24	20.590 30	4.421 28	1.578 72
0.73	0.27	0.73	0.965 1	7.544 49	20.398 05	4.38	1.620 0
0.72	0.28	0.72	0.965 1	7.823 91	20.118 63	4.32	1.680 0
0.71	0.29	0.71	0.965 1	8.103 34	19.839 20	4.26	1.740 0
0.70	0.30	0.70	0.965 1	8.382 76	19.559 78	4.20	1.800 0
0.69	0.31	0.69	0.965 1	8.662 19	19.280 35	4.14	1.860 0
0.68	0.32	0.68	0.965 1	8.941 61	19.000 93	4.08	1.920 0
0.678 01	0.321 99	0.678 01	0.965 1	8.997 22	18.945 32	4.068 06	1.931 94

注：计算出 φ 与 ω 为无限循环小数，此处部分参数保留 5 位小数。

当 $\varphi \in (0.678\,01,\ 0.736\,88)$ 时，从表 6-5、表 6-3、表 6-4 中数据可知 e_{l2}，p_2 均与集中决策下的 e_{l0}，p_0 相等，验证了命题四，说明契约协调能够有效激励 TPL 提升保鲜努力水平，具体变化如图 6-4、图 6-5 所示。

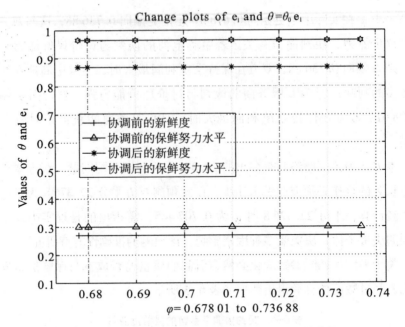

图 6-4 协调前后新鲜度 θ 与保鲜努力水平 e_l 的变化

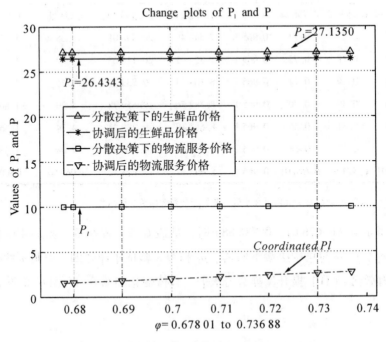

图 6-5 协调前后生鲜品价格与物流服务价格的变化

同样，从表 6-5 中可以看出，随着 φ 在区间（0.678 01，0.736 88）内变化时，生鲜电商企业所需承担的保鲜努力成本 $\omega C(e_{t2})$ 以及 TPL 服务商需要承担的生鲜电商的基本质量监督成本 $\sigma C(q_0)$ 均在变化。

随着 φ 逐渐变大，生鲜电商需承担的保鲜努力成本 $\omega C(e_{t2})$ 变小，TPL 服务商需要承担的生鲜电商的基本质量监督成本 $\sigma C(q_0)$ 变大，这点我们可以通俗地理解为若生鲜电商将自身收入多分享给 TPL，那它就可以少帮助承担一些 TPL 成本，若 TPL 受到了生鲜电商更多的销售收入资助，它反过来就可以帮生鲜电商多承担一些基本质量监督成本，所以这里是有一种反向关系的。具体的变化如图 6-6、图 6-7 所示。另外，在保证最优利润的情况下，关于哪方承担的相关成本多一些，哪方承担的少一些的问题与前面讨论 φ 的取值偏向问题相似，这里不再作讨论。

综上所述，本书所设计的合作契约在一定条件下能够实现供应链最优协调。

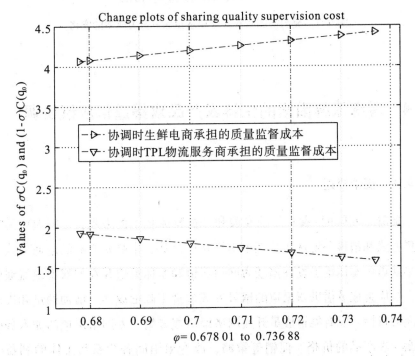

图 6-6 契约协调后双方企业承担质量监督成本的变化

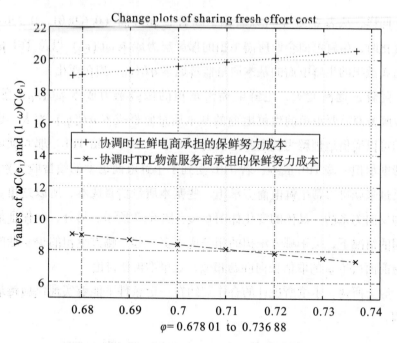

图 6-7　契约协调后双方企业承担保鲜努力成本的变化

6.4　考虑保鲜因素的生鲜农产品双渠道供应链协调

6.4.1　模型描述

随着"互联网+农业"的发展和冷链物流技术的进步，生鲜农产品的销售方式和销售环境逐步呈现出多样化的趋势，生鲜农产品的流通模式也从早期单一实体渠道发展演变为网络渠道和实体渠道并存的双渠道流通模式，供应链成员借助双渠道的销售方式实现了降低成本、增加销量和提高利润的目标。原有渠道成员开通网络渠道或者第三方网络渠道的加入势必会改变农产品的价格、促销等策略，改变渠道间各个参与主体的利益分配，对现有生鲜农产品供应链造成冲击，产生如生鲜农产品宣传推广的"搭便车"、供应链成员盲目追求自身利益最大化带来的双重边际效应，这无疑会加剧渠道的冲突，使供应链整体利润受损，因此亟待找到解决双渠道供应链冲突的方法。

社会物质条件改善、收入水平提升和消费升级，使得消费者对于生鲜农产品的消费不再满足于数量上的摄入，对于品质的重视程度也越来越高。生鲜农产品的生鲜度直接体现其品质优劣，与生鲜农产品价格共同决定了消费者是否采取购买行为，同时越来越多的学者意识到新鲜度对于销售生鲜农产品的重要性，故在研究生鲜农产品双渠道供应链时考虑新鲜度对于消费者需求的影响具有较大的实际意义和理论意义。

本书描述的生鲜农产品混合双渠道供应链是指供应商在向传统渠道的零售商批发农产品的同时，借助第三方平台（淘宝、京东、拼多多等）开通线上直营渠道销售生鲜农产品，如图6-8所示。在该供应链中，生鲜农产品供应商处于主导地位、拥有先发优势，控制生鲜农产品的生产供应、物流运输和产品保鲜服务，并承担相应的保鲜成本；零售商作为追随者在决策的第二阶段进行决策，以此形成斯坦伯格博弈。在传统实体渠道中，供应商向实体零售商提供农产品的批发价格为 w，零售商以 p_r 的价格将产品销售给消费者，此时的需求为 D_r；在线上直销渠道中，供应商以 p_e 的价格在第三方电商平台上进行农产品销售，对应的需求量为 D_e。

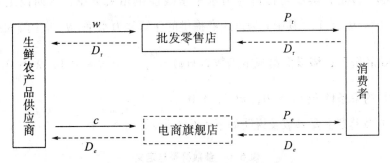

图6-8 生鲜农产品双渠道供应链模型

为简化分析过程，作出如下假设：

假设1：双渠道供应链中只存在唯一的供应商、零售商，供应商是零售商的唯一供货商，供应商为主导方，零售商为跟随者；

假设2：供应链中交易一种特殊的生鲜农产品，该农产品的保鲜努力水平与消费者需求呈现正相关关系；

假设 3：在双渠道供应链分散决策情形下，供应商和零售商均符合完全理性假设，即根据预期目标最优制定策略；

假设 4：只考虑供应商的单位生产成本和保鲜成本，暂不考虑其他成本，供应商提供的生鲜农产品数量恰好是零售商的订购量；

假设 5：传统零售渠道与电商直销渠道的需求函数分别受所在渠道市场份额、参与主体的保鲜努力水平以及价格的影响，函数分别为：

$$D_r = sa - p_r + bp_e + \beta e\theta_0 \qquad (6-29)$$

$$D_e = (1 - s) a - p_e + bp_r + \beta e\theta_0 \qquad (6-30)$$

其中，D_r、D_e 分别表示传统零售渠道和电商直销渠道生鲜农产品的市场需求量；a 表示生鲜农产品消费市场的潜在总需求；$s(0 < s < 1)$ 表示在双渠道中传统零售渠道所占有的市场份额；p_r、p_e 分别表示传统零售渠道和电商直销渠道生鲜农产品的市场销售价格；b 为各渠道之间的交叉价格弹性系数，且 $0 < b < 1$；β 表示需求量受到新鲜度影响的系数；$e\theta_0$ 表示生鲜农产品新鲜度。

假设 6：假定供应商提供保鲜服务以使生鲜农产品达到零售商或者消费者手中时可以具有更高的新鲜度，考虑到生鲜产品的新鲜度受保鲜水平的影响，设定新鲜度与保鲜努力水平呈线性正相关关系，从而设定 $\theta_e = e\theta_0$，$0 < \theta_0 < 1$，其中 e 为供应商提供的保鲜努力水平，θ_0 为生鲜农产品的初始新鲜度；假设保鲜成本函数为 $k(v) = \dfrac{\lambda e^2}{2}$，$0 < e < 1$，$\lambda > 0$，并且满足约束条件 $k(\dot{e}) > 0$，$k(\ddot{e}) > 0$。

本书模型主要参数及说明如下表6-6所示。

表6-6　参数符号与定义

符号	含义	符号	含义
u	生鲜农产品的批发价格	θ	提供保鲜服务之后的新鲜度
v	实体零售商线下销售价格	θ_0	生鲜农产品初始新鲜度
p_e	供应商线上销售价格	e	生鲜农产品的保鲜努力水平
c	供应商单位生产成本	s	生鲜农产品实体渠道所占市场份额

表6-6(续)

符号	含义	符号	含义
D_r	生鲜农产品线下渠道销售量	a	生鲜农产品消费市场潜在总需求量
D_e	生鲜农产品网络渠道销售量	b	渠道交叉价格敏感系数
k_e	供应商收益共享系数	β	新鲜度敏感系数
k_r	零售商收益共享系数	π_r	供应商利润
π	集中决策时供应链整体利润	π_r	零售商利润
C	表示集中决策	N	表示分散决策
S	收益共享契约进行协调	*	表示最优解

6.4.2 模型建立与分析

（1）集中决策

集中式决策（下文用上标"C"表示）主要是指生鲜农产品双渠道供应链中线上线下渠道的供应商和零售商达成长期合作协议，形成一个整体，并在生鲜农产品销售价格、订货决策时从全局出发，以供应链整体目标最佳为目标。因此，供应链总体的总利润函数如下所示：

$$\pi^c = (p_e - c) D_e + (p_r - c) D_r - \frac{\lambda e^2}{2} \qquad (6-31)$$

其中，$(p_e - c) D_e$ 表示线上渠道的销售总利润，$(p_r - c) D_r$ 为线下渠道的销售总利润，为求集中决策情形下的最优销售价格 p_e、p_r，构建 π^c 关于 p_e、p_r 的海森矩阵 H_1 如下所示：

$$H_1 = \begin{bmatrix} \dfrac{\partial^2 \pi^c}{\partial p_e^2} & \dfrac{\partial^2 \pi^c}{\partial p_e \partial p_r} \\ \dfrac{\partial^2 \pi^c}{\partial p_r \partial p_e} & \dfrac{\partial^2 \pi^c}{\partial p_r^2} \end{bmatrix} \qquad (6-32)$$

下面将分别对 π^c 求 p_e、p_r 的一阶和二阶偏导，结果如下：

$$\frac{\partial \pi^c}{\partial p_e} = c - 2p_e + p_r b + b(p_r - c) - a(s-1) + \beta e \theta_0 \qquad (6-33)$$

$$\frac{\partial \pi^c}{\partial p_r} = c - 2p_r + p_e b + as + b(p_e - c) + \beta e \theta_0 \qquad (6-34)$$

$$\frac{\partial^2 \pi^C}{\partial p_e^2} = \frac{\partial^2 \pi^C}{\partial p_r^2} = -2 \qquad (6-35)$$

$$\frac{\partial^2 \pi^C}{\partial p_e p_r} = \frac{\partial^2 \pi^C}{\partial p_r p_e} = 2b \qquad (6-36)$$

所以可得：

$$H_1 = \begin{bmatrix} \dfrac{\partial^2 \pi^C}{\partial p_e^2} & \dfrac{\partial^2 \pi^C}{\partial p_e \partial p_r} \\ \dfrac{\partial^2 \pi^C}{\partial p_r \partial p_e} & \dfrac{\partial^2 \pi^C}{\partial p_r^2} \end{bmatrix} = \begin{bmatrix} -2 & 2b \\ 2b & -2 \end{bmatrix} = 4 - 4b^2 \qquad (6-37)$$

由于 $0 < b < 1$，$\dfrac{\partial^2 \pi^C}{\partial p_e^2} = -2 < 0$，所以 $4 - 4b^2 > 0$，可知海森矩阵为负定，生鲜农产品双渠道供应链集中决策下的 π^C 为关于 p_e、p_r 的严格凹函数，存在唯一最优解，联立方程 $\dfrac{\partial \pi^C}{\partial p_e} = 0$ 和 $\dfrac{\partial \pi^C}{\partial p_r} = 0$ 可获得网络直销渠道和传统线下渠道的最优销售价格 p_e、p_r 为：

$$p_e^{C*} = -\frac{a + c - as - b^2 c + abs + \beta e \theta_0 + b\beta e \theta_0}{2(b^2 - 1)} \qquad (6-38)$$

$$p_r^{C*} = -\frac{c + ab + as - b^2 c - abs + \beta e \theta_0 + b\beta e \theta_0}{2(b^2 - 1)} \qquad (6-39)$$

将上式综合考虑，可得最优需求量为：

$$D_r^{C*} = \frac{as + c(b-1) + \beta e \theta_0}{2} \qquad (6-40)$$

$$D_e^{C*} = \frac{a(1-s) + c(b-1) + \beta e \theta_0}{2} \qquad (6-41)$$

将上式综合考虑，可得供应链整体最优利润为：

$$\pi^{C*} = \frac{a^2(2bs - 2bs^2 + 2s^2 - 2s + 1)}{4 - 4b^2} + \frac{\beta e \theta_0(a + \beta e \theta_0)}{2 - 2b}$$

$$- \frac{c^2(b-1) + ac}{2} - c\beta e \theta_0 - \frac{\lambda e^2}{2} \qquad (6-42)$$

（2）分散决策

集中决策只是一种理想状态下的情形，而在实际的情况中，双渠道供应链成员普遍是以自身利润最大化或者预期目标最优为决策的出发点进行独立经营决策的，这便形成了双渠道供应链中的分散决策。基于 Stacklberg 博弈理论进行分析，生鲜农产品供应商在双渠道供应链中拥有主导权，线下的实体零售商为跟随者，在进行农产品销售决策时，由供应商先确定面向零售商的线下批发价格 w 和线上直销价格 p_e，然后零售商决定线下渠道的价格 p_r，接下来供应商再根据零售商的实体价格调整批发价格和线上直销价格，如此供应商和零售商在重复博弈中形成均衡解。

在分散决策情形时，供应商和零售商的利润函数为：

$$\pi_e^N = (p_e - c) \left[(1 - s) a - p_e + bp_r + \beta e\theta_0 \right]$$
$$+ (w - c) \left[sa - p_r + bp_e + \beta e\theta_0 \right] - \frac{\lambda e^2}{2} \tag{6-43}$$

$$\pi_r^N = (p_r - w) D_r = (p_r - w) \left[sa - p_r + bp_e + \beta e\theta_0 \right] \tag{6-44}$$

采用逆向推导法求解 Stacklberg 博弈均衡解，分别求出零售商零利润函数对销售价格的一阶和二阶偏导数，如下所示：

$$\frac{\partial \pi_r^N}{\partial p_r} = sa - p_r + bp_e + \beta e\theta_0 - (p_r - w) \tag{6-45}$$

$$\frac{\partial^2 \pi_r^N}{\partial p_r^2} = -2 \tag{6-46}$$

依据 $\dfrac{\partial^2 \pi_r^N}{\partial p_r^2} = -2 < 0$ 可以确定零售商的利润函数是关于线下渠道销售价格的凹函数，故依据 $\dfrac{\partial \pi_r^N}{\partial p_r} = 0$ 可以得出零售商线下渠道销售价格关于批发价格和线上直销价格的反应函数：

$$p_r^N(w, p_e) = \frac{sa + bp_e + \beta e\theta_0 + w}{2} \tag{6-47}$$

此时可以得到独立决策时供应商利润 π_e^N 关于批发价格 w 和线上直销价格 p_e 反应函数，构建 π_e^N 关于 w、p_e 的海森矩阵 H_1，如下所示：

$$H_2 = \begin{bmatrix} \dfrac{\partial^2 \pi_e^N}{\partial p_e^2} & \dfrac{\partial^2 \pi_e^N}{\partial p_e \partial w} \\[3mm] \dfrac{\partial^2 \pi_e^N}{\partial w \partial p_e} & \dfrac{\partial^2 \pi_e^N}{\partial w^2} \end{bmatrix} \qquad (6-48)$$

首先分别对 π_e^N 求 p_e、w 一阶和二阶偏导，结果如下：

$$\frac{\partial \pi_e^N}{\partial p_e} = (b^2 - 2) p_e + bw + a(1 - s) + \frac{bsa + \beta e\theta_0(b + 2) + c(2 - b^2 - b)}{2}$$

$$(6-49)$$

$$\frac{\partial \pi_e^N}{\partial w} = bp_e - w + \frac{c(1 - b) + sa + \beta e\theta_0}{2} \qquad (6-50)$$

$$\frac{\partial^2 \pi_e^N}{\partial p_e^2} = b^2 - 2 \qquad (6-51)$$

$$\frac{\partial^2 \pi_e^N}{\partial w^2} = -1 \qquad (6-52)$$

$$\frac{\partial^2 \pi_e^N}{\partial p_e \partial w} = \frac{\partial^2 \pi_e^N}{\partial w \partial p_e} = b \qquad (6-53)$$

所以可以得出：

$$H_2 = \begin{vmatrix} \dfrac{\partial^2 \pi_e^N}{\partial p_e^2} & \dfrac{\partial^2 \pi_e^N}{\partial p_e \partial w} \\[3mm] \dfrac{\partial^2 \pi_e^N}{\partial w \partial p_e} & \dfrac{\partial^2 \pi_e^N}{v w^2} \end{vmatrix} = \begin{vmatrix} b^2 - 2 & b \\ b & -1 \end{vmatrix} = 2 - 2b^2 > 0 \quad (6-54)$$

因为 $0 < b < 1$，可知 $\dfrac{\partial^2 \pi_e^N}{\partial p_e^2} = b^2 - 2 < 0$，$\pi_e^N$ 的海森矩阵 $2-2b^2>0$，海森矩阵为负定，即分散决策中供应商的利润函数 π_e^N 是关于批发价格 w 和直销价格 p_e 的严格凹函数，故存在唯一的最优解，联立方程 $\dfrac{\partial \pi_e^N}{\partial p_e} = 0$ 和 $\dfrac{\partial \pi_e^N}{\partial w} = 0$ 便可得分散决策下供应商的最优批发价格 w^{N^*} 和直销价格 $p_e^{N^*}$：

$$w^{N^*} = \frac{c(b^2 - 1) - sa - \beta e\theta_0(b + 1) + ab(s - 1)}{2b^2 - 2} \qquad (6-55)$$

$$p_e^{N^*} = \frac{c(b^2 - 1) - bsa - \beta e\theta_0(b + 1) + a(s - 1)}{2b^2 - 2} \quad (6-56)$$

分散决策下零售商最优的销售价格 $p_r^{N^*}$：

$$p_r^{N^*} = \frac{sa(b^2 - 3) + \beta e\theta_0(b^2 - 2b - 3) + c(b^3 + b^2 - b - 1) + 2ab(s - 1)}{4b^2 - 4}$$

$$(6-57)$$

分散决策下供应商和零售商的销售量：

$$D_e^{N^*} = \frac{2a(1 - s) + \beta e\theta_0(b + 2) + c(b^2 + b - 2) + abs}{4b^2 - 4} \quad (6-58)$$

$$D_r^{N^*} = \frac{sa + \beta e\theta_0 + c(b - 1)}{4} \quad (6-59)$$

分散决策中供应商和零售商最优的利润 $\pi_e^{N^*}$、$\pi_r^{N^*}$：

$$\pi_e^{N^*} = [8(b^2 - 1)]^{-1}[a\beta e\theta_0(-4b - s - 4) + \beta^2 e^2\theta_0^2(-4b - 4)]$$

$$+ [8(b^2 - 1)]^{-1}[-2c - a^2b^2s^2 + a^2(4bs^2 - 4bs - 3s^2 + 4s - 2)]$$

$$+ 8^{-1}[ac(2s - 4 - 2bs) - c\beta e\theta_0(2b + 6) + c^2(1 - 2b - b^2) -$$

$$3sa\beta e\theta_0 - \beta^2 e^2\theta_0^2] - 0.5\lambda e^2 \quad (6-60)$$

$$\pi_r^{N^*} = \left(\frac{sa + \beta e\theta_0 + c(b - 1)}{4}\right)^2 \quad (6-61)$$

（3）集中决策和分散决策对比

将集中决策和分散决策下的各自价格均衡解、供应链整体利润进行对比，并得出以下结论：

①供应商线上渠道直销价格在集中决策和分散决策时相同，而分散决策时的生鲜农产品线下销售价格高于集中决策时的价格。

综合考虑以上模型，可以得到如下结果：

$$p_e^{N^*} - p_e^{C^*} = 0 \quad (6-62)$$

$$p_r^{N^*} - p_r^{C^*} = \frac{sa + \beta e\theta_0 + c(b - 1)}{4} > 0 \quad (6-63)$$

所以得到 $p_e^{N^*} = p_e^{C^*}$、$p_r^{N^*} > p_r^{C^*}$

②集中决策时的供应链整体利润优于分散决策时的供应商和零售商的利润总和。

综合考虑以上模型，得到以下结果：

$$\triangle \pi = \pi^{C^*} - \pi_e^{N^*} - \pi_r^{N^*} = \frac{[sa + bc - c + \beta e\theta_0(b+1)]^2}{16} > 0$$

（6 - 64）

即可以确定 $\pi^{C^*} > \pi_e^{N^*} + \pi_r^{N^*}$

由此可以看出，当双渠道供应链成员均根据自身利益最大化或者预期目标最优进行决策时，这时的传统实体渠道销售价格高于集中决策时的价格，进而降低了分散决策下线下渠道的需求，使得供应链整体利润在集中决策时优于分散决策，因此在实际运营过程中生鲜农产品双渠道供应链没有达到最佳的协调状态。由于在 Stacklberg 博弈中供应商处于主导地位，零售商充当跟随者角色，实际情况中供应商可以利用其高于零售商的渠道控制权力在分配利润时获取多于零售商的利润，因此为了取得供应链整体利润最优，需要采用合适的契约策略来协调供应链利润的分配。

（4）收益共享契约下模型的建立与协调

生鲜农产品供应商为供应链的主导者，并先于零售商决策进行批发价格和网络直销价格的制定，供应商会利用先发优势制定有损零售商利益的价格，进而降低零售商的积极性。对此在阅读相关文献的基础上，本书提出了运用双向收益共享契约对供应链进行协调，使得供应链整体利润尽可能达到或者接近集中决策模式时获得的效益。本书采取的双向收益共享契约是指供应商在向传统零售商批发生鲜农产品的同时开通网络渠道进行销售，由于网络渠道销售价格往往低于线下实体渠道的价格，导致网络渠道抢夺部分零售商原有的消费者，因此供应商为了鼓励零售商提高进货量，将网络渠道受益的 $k_e(0 < k_e < 1)$ 比例转移给零售商，同时零售商为了补偿供应商提供保鲜服务投入的成本，将销售收入的 $k_r(0 < k_e < 1)$ 比例分摊给供应商，以分摊供应商保鲜成本，最后通过不断调整 k_e、k_r 来优化生鲜农产品双渠道供应链的整体利润，实现双渠道协调的最终目的。

运用双向收益共享契约协调时的供应链成员所获得的利润用函数表示如下所示：

$$\pi_e^S = ((1 - k_e)p_e - c)D_e + (k_rp_r + w - c)D_r - \frac{\lambda e^2}{2} \quad （6 - 65）$$

$$\pi_r^S = ((1 - k_r) \, p_r - w) \, D_r + k_e p_e D_e \qquad (6-66)$$

此时的生鲜农产品双渠道供应链供应商与零售商之间协调属于斯坦伯格博弈，作为主导者的供应商首先确定自己的生鲜农产品批发价格和网络直销价格，然后追随者根据主导者的价格决策制定线下渠道的价格。因此采用逆向推导法，零售商利润 π_r^S 对销售价格 p_r^S 求二阶偏导数得 $\dfrac{\partial^2 \pi_r^S}{\partial p_r^2} = 2k_r - 2$，由于 $0 < K_r < 1$，因此 $\dfrac{\partial^2 \pi_r^S}{\partial p_r^2} = 2k_r - 2 < 0$，$\pi_r^S$ 为关于 p_r^S 的严格凹函数，因此存在唯一最优解，令 π_r^S 关于 p_r^S 的一阶偏导数等于零，从而得出收益共享契约协调下的零售商最优销售价格关于供应商批发价格和线上直销价格的反应函数，

$$\frac{\partial \pi_r^S}{\partial p_r} = w + p_r(k_r - 1) - (k_r - 1)(bp_e - p_r + sa + \beta e\theta_0) + bp_e k_e = 0$$

$$(6-67)$$

$$p_r^{S*}(w, \, p_e) = \frac{w - (k_r - 1)(bp_e + sa + \beta e\theta_0) + bp_e k_e}{2 - 2k_r} \qquad (6-68)$$

由之前的集中决策模型可知存在唯一的线下和线上价格使得双渠道供应链利润最优，现假设引入的双向收益共享契约能够促使双渠道供应链中的整体期望利润达到集中决策下的最优状态，那么肯定存在 k_e、k_r 使得双向收益共享契约下的最优线上和线下销售价格与集中决策下的最优价格均衡解相同，既满足：$p_r^{S*} = p_r^{C*}$，$p_e^{S*} = p_e^{C*}$

所以可得

$$p_r^{S*} = \frac{c + bp_e + as + b(p_e - c) + \beta e\theta_0}{2} \qquad (6-69)$$

$$\pi_e^S = [(1 - k_e) \, p_e - c] \, [(1 - s) \, a - p_e + bp_r + \beta e\theta_0]$$
$$+ (k_r p_r + w - c)(sa - p_r + bp_e + \beta e\theta_0) - \frac{\lambda e^2}{2} \qquad (6-70)$$

对供应商利润函数式求关于 p_e^S 的一阶导数，结果如下：

$$\frac{\partial \pi_e^S}{\partial p_e^S} = (k_e - 1) \left[p_e + a(s - 1) - b \frac{c + bp_e + as + b(p_e - c) + \beta e \theta_0}{2} - \beta e \theta_0 \right]$$

$$- [c + p_e(k_e - 1)](b^2 - 1) + k_r b \frac{bp_e - c + as - b(p_e - c) + \beta e \theta_0}{2}$$

$$(6-71)$$

令上式等于零，得到供应商线上销售渠道的最优决策价格：

$$p_e^{S^*} = \frac{2(1 - s) a + abs + bc - b^2 c + (b + 2) \beta e \theta_0}{4(1 - b^2)}$$

$$+ \frac{k_r b(bc + as - c + \beta e \theta_0)}{4(b^2 - 1)(k_e - 1)} + \frac{c}{2(1 - k_e)}$$

$$(6-72)$$

因为 $p_e^{S^*} = p_e^{C^*}$，可得 k_r 与 k_e 的关系，

$$k_e = \frac{(1 - k_r)(b^2 c + abs - bc + b\beta e \theta_0)}{2c - b^2 c + abs - bc + b\beta e \theta_0}$$

$$(6-73)$$

又因为 $p_r^{S^*} = p_r^{C^*}$，可以得到供应商将产品线下批发给零售商时的最优批发价格：

$$w^{S^*} = \frac{(1 - k_r)[abc + c^2(2 - b^2 - 2b) + 2bc\beta e \theta_0]}{2c - 2cb^2 + b^2 c + abs - bc + b\beta e \theta_0}$$

$$(6-74)$$

将 $p_r^{S^*}$、$p_e^{S^*}$、w^{S^*} 代入收入共享契约下供应商和零售商的利润函数得到各自的收益，如下所示：

$$\pi_e^{S^*} = \left\{ \left[1 - \frac{(1 - k_r)(b^2 c + abs - bc + b\beta e \theta_0)}{2c - b^2 c - abs + bc - b\beta e \theta_0} \right] p_e^{S^*} - c \right\} D_e^S +$$

$$\left\{ k_r p_r^{S^*} + \frac{(1 - k_r)[abc + c^2(2 - b^2 - 2b) + 2bc\beta e \theta_0]}{2c - b^2 c - abs + bc - b\beta e \theta_0} - c \right\} D_r^S - \frac{\lambda e^2}{2}$$

$$(6-75)$$

$$\pi_r^{S^*} = \left\{ (1 - k_r) p_r^{S^*} - \frac{(1 - k_r)[abc + c^2(2 - b^2 - 2b) + 2bc\beta e \theta_0]}{2c - 2cb^2 + b^2 c + abs - bc + b\beta e \theta_0} \right\} D_r^S$$

$$+ \frac{(1 - k_r)(b^2 c + abs - bc + b\beta e \theta_0)}{2c - 2cb^2 + b^2 c + abs - bc + b\beta e \theta_0} p_e^{S^*} D_e^S$$

$$(6-76)$$

从 k_e 和 k_r 的关系表达式可知，如果缩减线下渠道实体零售商共享的收益比率 k_r，那么供应商线上渠道收益共享的比率 k_e 将会提高，由此可知契约参数 k_r 和 k_e 是一种此消彼长的关系，具体的取值取决于供应商和零售商在双渠道供应链中的讨价还价能力。

令函数 $F(k_r) = \pi^{C^*} - (\pi_r^{S^*} + \pi_e^{S^*})$，利用 $F(k_r)$ 可以计算得到如下结果：

$$F(k_r) = \left[(p_e^{C^*} - c) D_e^{C^*} + (p_r^{C^*} - c) D_r^{C^*} - \frac{\lambda e^2}{2} \right]$$
$$- \left[(1 - k_e) p_e^{S^*} - c \right] D_e^{S^*} + (k_r p_r^{S^*} + w - c) D_r^{S^*}$$
$$- \frac{\lambda e^2}{2} + \left[(1 - k_r) p_r^{S^*} - w \right] D_r^{S^*} + k_e p_e^{S^*} D_e^{S^*} \qquad (6-77)$$

结果化简后得：

$$F(k_r) = \frac{p_e^{S^*} (b^2 c + abs - bc + b\beta e\theta_0)}{2c - 2cb^2 + b^2 c + abs - bc + b\beta e\theta_0}$$
$$- k_r \left(\frac{p_e^{S^*} D_e^{S^*} (b^2 c + abs - bc + b\beta e\theta_0)}{2c - 2cb^2 + b^2 c + abs - bc + b\beta e\theta_0} + p_r^{S^*} D_r^{S^*} \right) \qquad (6-78)$$

通过 $F(k_r)$ 对 k_r 的一阶导数小于零可以知道 $F(k_r)$ 是关于 k_r 的单调递减函数且在 $(0, 1)$ 上连续，$\lim\limits_{k_r \to 0} F(k_r) > 0$、$\lim\limits_{k_r \to 1} F(k_r) < 0$，因此必然在区间 $(0, 1)$ 找到一个契约参数 k_r 使得 $F(k_r)$ 等于零，即必然存在一个 k_r、k_e 让双渠道供应链中供应商和零售商获得的利润通过收益共享契约协调后与集中决策下的利润相同，由此可得收益共享契约的运用可以使得供应链的整体利润比分散决策时有所增加，实现供应链中的协作共赢局面。

6.4.3 数值分析

由上文可知，供应商提供保鲜服务情况下的双渠道供应链的供应链成员的最优决策，考虑到模型中的参数过多、结构复杂，为了更加直观清晰地展示出收益共享契约对于双渠道供应链的协调效果，研究结合此模型假设、线上调查分析和参考已有学者对于此方向做的数值研究，设定以下各个参数的数值，具体见表6-7，并运用数值计算软件进行数值分析。

表 6-7　收益共享契约下的参数取值

a	s	b	θ_0	β	c	λ
100	0.6	0.6	0.9	0.8	10	100

本书主要针对生鲜农产品供应链进行研究，生鲜农产品具有易腐烂等特性，其市场价值与新鲜度呈现正相关关系，同时新鲜程度对消费者是否购买具有直接显著影响，继而对产品销量具有重要作用，因此选择合适的保鲜努力水平 e 以保持农产品的新鲜度和提高质量对于生鲜农产品供应链成员而言具有重要意义。在收益共享契约协调供应链中，收益共享系数对于管理和协调供应链成员之间的横向和纵向冲突发挥着重要作用，决定着生鲜农产品供应链能否实现有效的协调，经过上文分析可知供应商的收益共享系数 k_e 与零售商的收益共享系数 k_r 呈现负相关。本章讨论生鲜农产品的保鲜努力水平 e 和收益共享契约中共享系数 k_r 对供应链成员利润的影响。

（1）保鲜努力水平和收益共享系数对供应链利润的影响

部分参数取值如上，分别对供应商保鲜努力水平 $e=0.1$、0.2、0.3、0.4、0.5、0.6、0.7、0.8、0.9、1 的情况下分散决策供应链利润，收益共享契约协调下零售商收益共享系数 $k_r=0.1$、0.3、0.5、0.7、0.9 时的供应链利润进行计算和对比，结果如表 6-8，图 6-9 所示。

表 6-8　保鲜努力水平和收益共享系数对供应链利润的影响

e	分散决策供应链利润	收益共享契约协调时供应链利润				
		$k_r=0.1$	$k_r=0.3$	$k_r=0.5$	$k_r=0.7$	$k_r=0.9$
0.1	2 487.5	2 700.5	2 696.1	2 692.6	2 688.4	2 685.4
0.2	2 493.8	2 703.8	2 700.8	2 697.5	2 694.0	2 691.6
0.3	2 499.1	2 705.1	2 703.5	2 701.2	2 699.7	2 697.8
0.4	2 503.4	2 705.6	2 705.1	2 704.1	2 703.6	2 702.1
0.5	2 506.7	2 705.0	2 705.0	2 705.0	2 705.0	2 705.0
0.6	2 509.1	2 704.7	2 705.4	2 706.8	2 707.9	2 708.3

表6-8(续)

e	分散决策供应链利润	收益共享契约协调时供应链利润				
		$k_r = 0.1$	$k_r = 0.3$	$k_r = 0.5$	$k_r = 0.7$	$k_r = 0.9$
0.7	2 510.4	2 702.2	2 704.2	2 706.3	2 708.9	2 710.9
0.8	2 510.8	2 699.9	2 702.1	2 705.3	2 708.2	2 710.5
0.9	2 510.2	2 695.1	2 699.6	2 703.7	2 706.0	2 710.0
1.0	2 508.6	2 690.6	2 695.8	2 699.0	2 704.1	2 709.8

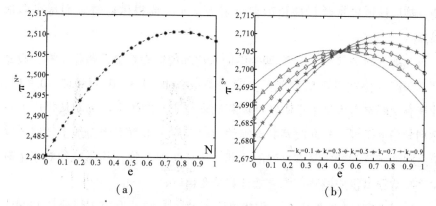

图6-9 保鲜努力水平和收益共享系数对供应链利润的影响

以上图表是保鲜努力水平和收益共享系数对供应链整体利润的影响，其中图6-9（a）表示分散决策下供应商保鲜努力水平对供应链整体利润的影响，图6-9（b）表示在收益共享契约协调下供应商保鲜努力水平和零售商收益共享系数对整体利润的影响。观察（a）、（b）两幅图中的曲线可知，供应商保鲜努力水平 e 提高时，即提供农产品的新鲜度提高，系统整体利润总是呈现出先增加后减少的变化趋势，原因在于市场需求和供应商保鲜成本分别与保鲜努力水平呈正相关、负相关关系，当农产品新鲜度较低，市场需求对于生鲜农产品新鲜水平的敏感度相对较高，若此时增加渠道中的保鲜努力水平，使得向消费者提供的生鲜农产品质量提高，引起线上渠道和线下渠道的需求上升，同时提升保鲜努力水平所带来的边际成本较低，此时需求增加引起的供应链利润的提高大于提升保鲜努力水平所带来的成本，因此最终导致生鲜农产品供应链利润的改善；而当市场上供应的生鲜农产品新鲜度较高时，消费者对于农产品新鲜度的敏感度较低，提高供应链保鲜努力水平，会增加少量需求，但同时产生的供应商边际保鲜成本较高，使得需求增加带来的供应链利润提高低于投入的保鲜成本，致使供应链整体利润下降。

通过对比两幅图中的供应链利润曲线的最高点可知，分散决策时供应链利润最高出现在 $e=0.8$ 时，而在收益共享契约协调下，供应链利润曲线最高点出现在 $e=0.6$ 或者 0.7 时，收益共享契约的引入降低了保鲜努力水平的临界值。对于供应链成员而言，无论是否采用收益共享契约进行协调，都应该慎重选择供应链的保鲜努力水平，使得供应链利润尽可能地提高。

其次，通过（a）、（b）两幅图的对比和观察表 6-8 的数据可知，收益共享契约的协调下零售商收益共享系数取 0.1、0.3、0.5、0.7、0.9 时，在所有保鲜努力水平下供应链整体利润均高于分散决策，表明从供应链整体利益角度出发，双向收益共享契约的引入对于生鲜农产品线上、线下渠道之间的矛盾和冲突具有良好的协调作用，体现了收益共享契约对于生鲜农产品双渠道供应链协调的有效性和必要性。

通过观察（b）图中不同零售商收益共享系数的取值下供应链利润曲线可知，在所有可能的保鲜努力水平下，不存在一个收益共享系数使得供应链整体利润完全占优，保鲜努力水平 $e=0.5$ 将供应链利润划分为两个阶段，当保鲜努力水平低于 0.5 时，所有线条呈上升状态，供应链利润与零售商收益共享系数呈现负相关，即在保鲜努力水平相同时，收益共享系数越大，供应链利润越低；当保鲜努力水平高于 0.5 时，都呈现逐渐下降趋势，供应链利润和收益共享系数呈现正相关，即在同等保鲜努力水平下收益系数取值越大，供应链整体利润越高。

（2）保鲜努力水平和收益共享系数对零售商利润的影响

将上述参数代入分散决策和收益共享契约协调下零售商利润函数，运用数值分析软件进行计算和作图，如表 6-9 和图 6-10 所示。

表 6-9 保鲜努力水平和收益共享系数对零售商利润的影响

e	分散决策零售商利润	收益共享契约协调时零售商利润				
		$k_r = 0.1$	$k_r = 0.3$	$k_r = 0.5$	$k_r = 0.7$	$k_r = 0.9$
0.1	196.5	2 189.1	1 702.9	1 216.6	721.6	243.2
0.2	197.2	2 192.8	1 705.1	1 218.3	730.5	243.5
0.3	197.5	2 194.0	1 707.2	1 219.3	731.4	243.8
0.4	198.1	2 197.8	1 709.6	1 221.4	732.3	244.1
0.5	198.5	2 200.6	1 711.1	1 222.8	733.3	244.4
0.6	199.0	2 203.2	1 713.7	1 224.1	734.2	244.7
0.7	199.5	2 205.4	1 715.0	1 225.4	735.1	245.0
0.8	200.1	2 208.3	1 717.1	1 227.6	736.0	245.3
0.9	200.6	2 211.2	1 719.6	1 228.8	736.9	245.6
1.0	201.1	2 213.1	1 722.3	1 230.8	737.8	245.9

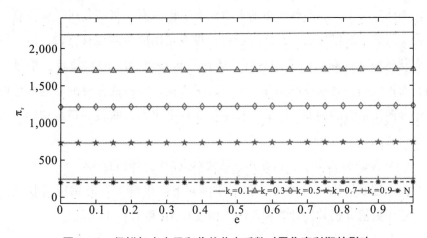

图 6-10 保鲜努力水平和收益共享系数对零售商利润的影响

以上图表是保鲜努力水平和收益共享系数对零售商利润的影响，其中图 6-10 中实线表示分散决策时不同保鲜努力水平下的零售商利润，虚线表示在双渠道供应链中引入收益共享契约后零售商在不同保鲜努力水平和不同收益共享系数下的利润变化情况。

从以上图表中可知，零售商的利润在分散决策和收益共享契约协调下均与保鲜努力水平呈现正相关关系，即均随着供应商保鲜努力水平的提高而增加。原因在于保鲜努力水平的提高可以提高供应生鲜农产品的新鲜度和质量，进而提高生鲜农产品的市场价值，带来线下渠道生鲜农产品需求量的增加；同时农产品市场价值的提高也会增强零售商面对消费者时的议价能力，可以通过提高价格等方法增加零售商的利润。由于生鲜农产品的保鲜服务由上游供应商负责，保鲜努力水平的提高只会给供应商带来保鲜成本的增加，而不会增加零售商保鲜成本，最终使得线下渠道的生鲜农产品价格和需求量增加，增加零售商的利润。

其次，如果对比图中的红色曲线和蓝色曲线可知，蓝色曲线在所有保鲜努力水平下均高于红色曲线，即在供应链中引入收益共享契约后，零售商利润总是高于分散决策时的利润。在分散决策的情形中，供应商在供应链中发挥着主导作用，具有先动优势，可以通过提高批发价等方法提高零售商的成本，尽可能地缩减和降低零售商的利润空间和收益，进而增加自己的利润；零售商作为博弈的追随者，实力较弱，获得较少的收益。在契约协调的情况下，虽然处于追随者地位的零售商需要将部分线下渠道收入转移支付给上游供应商，但同时也将获得来自供应商的转移支付，由于供应商利润和零售商利润差距悬殊，即便零售商将90%的收益转移给供应商，而供应商只将收益的小部分共享给零售商，零售商获得的总利润依旧大于分散决策时的利润。因此，从零售商角度出发，收益共享契约的引入总是有利的。

（3）保鲜努力水平和收益共享系数对供应商利润的影响

将上述取值代入分散决策和契约协调下的生鲜农产品供应商收益函数，运用数值分析软件计算和作图，如表 6-10 和图 6-11 所示。

表6-10 保鲜努力水平和收益共享系数对供应商利润的影响

e	分散决策供应商利润	收益共享契约协调时供应商利润				
		$k_r = 0.1$	$k_r = 0.3$	$k_r = 0.5$	$k_r = 0.7$	$k_r = 0.9$
0.1	2 291.1	510.9	993.5	1 476.3	1 959.1	2 441.6
0.2	2 297.2	511.1	995.3	1 479.1	1 964.1	2 448.5

表6-10(续)

e	分散决策供应商利润	收益共享契约协调时供应商利润				
		$k_r = 0.1$	$k_r = 0.3$	$k_r = 0.5$	$k_r = 0.7$	$k_r = 0.9$
0.3	2 302.0	510.2	996.0	1 482.6	1 967.5	2 453.3
0.4	2 305.5	508.4	995.7	1 483.1	1 970.6	2 458.7
0.5	2 308.6	505.6	994.4	1 483.6	1 972.6	2 461.3
0.6	2 310.1	501.8	992.1	1 483.2	1 973.5	2 463.8
0.7	2 311.3	496.8	988.9	1 481.0	1 973.0	2 465.6
0.8	2 311.6	491.1	984.6	1 478.1	1 972.7	2 465.4
0.9	2 310.9	484.3	979.3	1 474.5	1 969.3	2 464.0
1.0	2 308.3	476.5	973.1	1 470.0	1 966.1	2 463.3

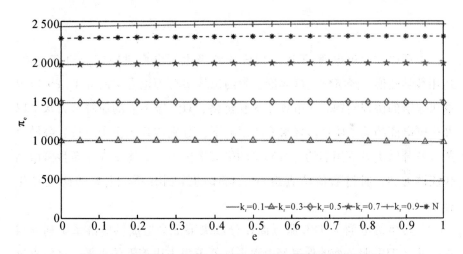

图6-11　保鲜努力水平和收益共享系数对供应商利润的影响

　　以上图表是保鲜努力水平和收益共享系数对供应商利润的影响，其中图6-11中虚线表示分散决策时不同保鲜努力水平下的供应商利润，实线表示在双渠道供应链中引入收益共享契约后供应商在不同保鲜努力水平和不同收益共享系数下的利润变化情况。通过观察表中的数据和图中的曲线可知，供应商利润随着保鲜努力水平的提高呈现出先上升后下降的趋势，变化出现的原因与供应链整体利润随保鲜努力水平变化的原因一致，在此不做过多分析。

对比图 6-11 中的虚线和实线，即对比供应商在分散决策和收益共享契约协调下的利润可知，在不同的保鲜努力水平下，只有当零售商收益共享系数超过 0.8~0.9 之间的临界值时，收益共享契约的引入才使得供应商的利润得到提高，收益共享契约具有成效的区间较小，并且收益共享系数的具体取值会随着供应链中各成员的讨价还价能力的变动而产生变化，这体现了收益共享契约只能在部分程度上缓解双渠道供应链中的冲突和矛盾，并且在该区间内不断调整才能最终实现供应链成员利润的帕累托改进。

6.5　本章小结

本章以"生鲜电商+TPL"构成的两级生鲜电商供应链为研究对象，运用数学建模、经济学、博弈论、契约论等多种理论方法研究了该生鲜电商供应链的协调问题。在市场需求受价格、TPL 服务商的保鲜努力水平以及生鲜电商的基本质量监督水平的影响下，分别构建了集中决策、分散决策以及分散决策下用契约进行协调的供应链模型。最终以 A 草莓生鲜电商供应链为例，通过数值仿真进行了具体的算例分析。主要的研究结论如下：

一是生鲜电商与 TPL 服务商在分散决策下会造成供应链系统利润缺失，并且 TPL 服务商的保鲜努力水平远低于集中决策下的水平。这使得供应链失调，对于生鲜产品的保鲜极为不利，不能有效保证生鲜产品的新鲜度。

二是本书设计的"收益共享—成本共担"契约能够有效协调该生鲜电商供应链，激励 TPL 服务商提高保鲜努力水平，保证生鲜产品的新鲜度。不同于以往研究中共同承担单一成本的情况，本书中由于生鲜电商存在基本质量监督成本，双方除了共同承担保鲜努力成本外，TPL 服务商还需与生鲜电商共同承担基本质量监督成本才能使供应链达到协调。

　　三是协调时供应链契约的比例参数存在一个合理的范围，使得分散决策下的供应链利润、最优保鲜努力水平、最优价格与集中决策下的相等，同时能使供应链上各企业的利润均大于分散决策下的利润。比例参数在该范围内的具体取值与双方的谈判能力、讨价议价能力有关。

　　简而言之，生鲜电商与 TPL 服务商只有加强合作，以整个供应链收益最大化为一致目标，使整个供应链运作协调，才能实现双方的共赢局面。

7　价值共创视角下生鲜电商消费体验与顾客契合关系研究

7.1　引言

　　互联网背景下，价值共创逻辑的改变对商业模式产生了颠覆性的影响，企业与顾客共同创造价值成为商业模式变革的关键。价值不只体现为产品或服务本身的价值，更源于顾客的消费体验能够得到高质量的契合。

　　从中国生鲜电商市场来看，2018 年市场规模已突破 2 000 亿元，平均每年保持 50% 以上的增长率。生鲜电商具有市场规模大、消费频次高与刚需的特性，其未来发展潜力巨大。然而，由于价值共创逻辑的改变，顾客消费体验不完善，自 2016 年以来生鲜电商行业经历了巨大的震荡调整。在此背景下，如何改善生鲜电商用户的消费体验、提升其契合行为，成了生鲜电商行业面临的一个难题。事实上，价值共创的理念和视角，为此问题的解决提供了一个新的思路。本章针对生鲜电商市场，在价值共创的视角下研究消费体验与顾客契合的逻辑关系，为生鲜电商企业更好地管理和运用消费体验提供了一定的借鉴和支持，有利于促进顾客契合，从而实现价值共创、双向共赢。

7.2 研究假设与模型构建

消费体验最早出自美国经济学家约瑟夫·佩恩和詹姆斯·吉尔摩《体验经济》一书，该书倡导生产者应创造条件让消费者融入到供应链中，让消费者乐意为产品之外的感受买单。消费体验不仅包括消费者购买产品时的感受，还包括消费者购买前的信息搜索和购买后的使用感受，凡是与消费者发生关系的所有环节都是消费体验的组成部分。根据以上对消费体验的定义，结合电商平台特性，本书将消费体验分为功能体验、情感体验、关系体验。

网络技术的高速发展催生了一系列新媒体的出现，使得顾客与企业之间的互动联系愈发紧密与多样化，顾客的非购买行为对企业的影响程度不断增强。有学者于2006年提出了一个新的概念——"顾客契合"，此后关于顾客契合行为的研究不断涌现。顾客契合是一种可以同时为顾客和企业提供价值的活动，并且对顾客感知价值有显著的正向影响，而出色的顾客价值是保证顾客满意和建立顾客忠诚的基础，是企业经营的根本目的。而企业有此目的的原因，很大程度上源于增强自身竞争力的需要。崔正 等（2018）通过对交易型虚拟社区的研究，证实了消费体验与顾客契合间存在着正向影响的关系。李文勇 等（2018）也在研究旅游网站用户关系时指出用户体验对于形成顾客契合具有正向影响。

基于以上理论与分析，本书提出以下假设：

假设1：顾客消费体验对顾客契合有正向影响。

价值共创是农产品营销研究的新领域，互联网颠覆了价值创造的方式，如今价值创造与消费者的关系越来越密切。随着消费者需求与认知的逐步提高，顾客的体验感知逐渐加入到企业的价值创造中，企业在与顾客交互中获得资源进行价值创造，满足消费者需求从而增强核心竞争力。在农产品网络购物环境中，顾客参与价值共创较为复杂，既包括企业与顾客之间的价值共创，也包括顾客与顾客之间的价值共创。因此，本书按照

Zwass（2010）的分类将价值共创分为自发价值共创和发起价值共创。

基于以上理论与分析，本书提出以下假设：

假设2a：顾客消费体验对企业自发价值共创有显著正向影响；

假设2b：顾客消费体验对企业发起价值共创有显著正向影响。

在顾客参与价值共创的过程中，通过信息传递，企业认识了顾客的偏好与风格，在企业获得顾客资源的同时，顾客也在参与过程中加深了对企业和品牌的认知，进一步促进了顾客契合。简兆权等（2018）采用案例研究法，将小米社区作为研究对象，基于顾客契合和价值共创理论，探讨了虚拟品牌社区顾客契合对价值共创的影响机制。研究模型揭示了虚拟品牌社区是实现价值共创的典型平台，可通过"动机—过程—结果"的系统化过程实现价值共创。涂剑波等（2018）构建了服务场景、顾客契合、共创价值和购买意愿的影响关系模型。

基于以上理论与分析，本书提出以下假设：

假设3a：企业自发价值共创对顾客契合有显著正向影响；

假设3b：企业发起价值共创对顾客契合有显著正向影响。

我国生鲜电商行业近年来发展势头足，但由于消费体验缺失等原因，在2016年后经历了巨大的震荡调整，所以如何增加生鲜电商用户的体验感知是生鲜电商行业亟待解决的一个重要难题。同时，根据Zhang等（2017）的研究，顾客契合是互动体验和价值共创的核心。因此，生鲜电商企业如何通过与消费者的价值共创提高契合行为也是亟待解决的问题。因此，本书选定生鲜电商市场，在价值共创的视角下，将体验感知与契合行为相结合，找出体验感知与顾客契合之间的联系，为生鲜电商企业更好地管理和运用体验感知提供决策支持，使之做出更科学的管理决策，从而实现价值共创、双向共赢。

基于以上理论与分析，本书提出以下假设：

假设4a：自发价值共创在消费体验对顾客契合的影响中起中介作用；

假设4b：发起价值共创在消费体验对顾客契合的影响中起中介作用。

本书模型由消费体验、自发价值共创、发起价值共创、顾客契合四个部分构成，在消费体验与顾客契合间引入价值共创作为中介因素，探析了在价值共创视角下生鲜电商消费体验与顾客契合的关系。调查问卷的设置是参考以往研究中提出的成熟量表进行设置。消费体验借鉴 Mittal 与 Brakus（2011）的量表，共设置 10 个题项；自发价值共创与发起价值共创借鉴 Zwass（2010）提出的量表，共设置 6 个题项；顾客契合借鉴 Hollebeek（2011）的量表，共设置 9 个题项。各量表选项均采用李克特五级量表的方式进行设置。

7.3　生鲜电商消费体验与顾客契合关系的实证分析

7.3.1　数据收集

在价值共创视角下，本部分以生鲜电商用户作为研究对象，分析生鲜电商消费体验与顾客契合间的影响关系。2019 年 11 月，通过在生鲜电商平台评论区发放网络问卷，笔者共收集了 347 份问卷，其中有效问卷 315 份，有效率达 90.78%。

7.3.2　信度与效度分析

本书采用 Cronbach's α 系数进行信度检验，检验结果如表 7-1 所示。

表 7-1　信度和效度检验

变量	测量题项	Estimate	S. E.	P	SMC	1-SMC	C. R.	CITC	AVE	Cronbach's α
消费体验 / 功能体验	Q1_1	1.000			0.725	0.275		0.768	0.751	0.892
	Q1_2	1.035	0.085	＊＊＊	0.774	0.226	12.239	0.798		
	Q1_3	1.003	0.085	＊＊＊	0.754	0.246	11.854	0.780		
	Q1_4	0.986	0.084	＊＊＊	0.752	0.248	11.736	0.705		
消费体验 / 情感体验	Q2_1	0.833	0.084	＊＊＊	0.672	0.328	9.925	0.632	0.724	0.813
	Q2_2	0.798	0.078	＊＊＊	0.729	0.271	10.253	0.666		
	Q2_3	0.957	0.081	＊＊＊	0.770	0.230	11.786	0.692		

表7-1（续）

变量		测量题项	Estimate	S. E.	P	SMC	1-SMC	C. R.	CITC	AVE	Cronbach's α
消费体验	关系体验	Q3_ 1	0.819	0.091	* * *	0.573	0.427	9.010	0.622		
		Q3_ 2	0.885	0.094	* * *	0.565	0.435	9.425	0.647	0.567	0.781
		Q3_ 3	0.871	0.094	* * *	0.563	0.437	9.310	0.587		
自发价值共创		Q4_ 1	1.000			0.747	0.253		0.709		
		Q4_ 2	1.185	0.099	* * *	0.782	0.218	12.016	0.672	0.661	0.798
		Q4_ 3	0.861	0.096	* * *	0.455	0.545	8.929	0.544		
发起价值共创		Q5_ 1	1.000			0.574	0.426		0.631		
		Q5_ 2	1.047	0.117	* * *	0.620	0.380	8.978	0.664	0.655	0.788
		Q5_ 3	0.919	0.100	* * *	0.770	0.230	9.200	0.593		
顾客契合	认知契合	Q6_ 1	1.000			0.628	0.372		0.771		
		Q6_ 2	1.072	0.090	* * *	0.705	0.295	11.883	0.796	0.668	0.883
		Q6_ 3	0.990	0.088	* * *	0.672	0.328	11.239	0.750		
	情感契合	Q7_ 1	0.785	0.072	* * *	0.769	0.231	10.934	0.685		
		Q7_ 2	0.802	0.078	* * *	0.689	0.311	10.243	0.760	0.719	0.859
		Q7_ 3	0.905	0.082	* * *	0.699	0.301	10.997	0.762		
	行为契合	Q8_ 1	0.930	0.090	* * *	0.590	0.410	10.294	0.639		
		Q8_ 2	0.809	0.090	* * * *	0.506	0.494	8.947	0.622	0.534	0.767
		Q8_ 3	0.801	0.090	* * *	0.506	0.494	8.888	0.542		

从表7-1中可以看出，该量表共涉及4个变量与25个题项，其中消费体验划分为功能体验、情感体验与关系体验三个维度，顾客契合划分为认知契合、情感契合和行为契合三个维度。经信度检验，消费体验的三个维度、顾客体验的三个维度、自发价值共创与发起价值共创的 Cronbach's Alpha 系数均大于0.7，证明问卷信度良好。经效度检验，消费体验与顾客契合的各维度、自发价值共创及发起价值共创的组合信度 C. R. 值均大于0.7，平均提取方差值 AVE 均大于0.5，证明问卷效度良好。

7.3.3 实证分析

本书运用结构方程相关软件进行假设检验分析，验证二因子中介作用。首先验证消费体验对顾客契合的直接影响,继而检验在价值共创视角下消费体验与顾客契合间的关系。当 P 小于 0.001 时,二者影响特别显著。验证结果模型如图 7-1 所示。

由图 7-1 可知,消费体验到顾客契合的标准化路径系数值为 0.51,P 值小于 0.001,消费体验与顾客契合具有显著正向影响,假设 H1 得到验证。

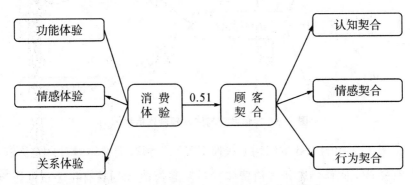

图 7-1 消费体验与顾客契合关系作用模型

消费体验与价值共创作用模型,见图 7-2。由图 7-2 可知,消费体验到自发价值共创的标准化路径系数值为 0.59,且 P 值小于 0.001,消费体验与自发价值共创具有显著正向影响,假设 H2a 得到验证。消费体验到发起价值共创的标准化路径系数值为 0.53,且 P 值小于 0.001,消费体验与发起价值共创具有显著正向影响,假设 H2b 得到验证。

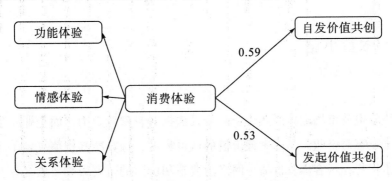

图 7-2 消费体验与价值共创作用模型

价值共创与顾客契合作用模型见图 7-3。由图 7-3 可知,自发价值共创到顾客契合的标准化路径系数值为 0.47,且 P 值小于 0.001,自发价值共创与顾客契合具有显著正向影响,假设 H3a 得到验证。发起价值共创到顾客契合的标准化路径系数值为 0.29，且 P 值小于 0.001，发起价值共创与顾客契合具有显著正向影响，假设 H3b 得到验证。

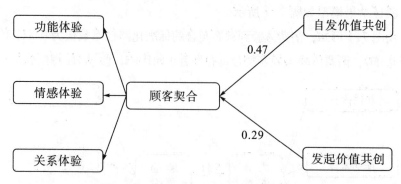

图 7-3　价值共创与顾客契合作用模型

由图 7-2 和图 7-3 的结构方程模型可知，顾客消费体验对自发价值共创具有显著正向作用，顾客消费体验对发起价值共创具有显著正向影响，自发价值共创对顾客契合具有显著正向影响，发起价值共创对顾客契合也具有显著正向影响。以上结构方程表明，加入价值共创后，顾客消费体验对顾客契合的直接影响作用变小，同时顾客消费体验对于顾客契合的作用显著，因此自发价值共创和发起价值共创在顾客消费体验和顾客契合的关系中起到中介作用，验证了 H4a 和 H4b 假设。

7.4　本章小结

生鲜电商市场竞争激烈，企业会设法提升自身竞争力，而企业竞争力取决于顾客对企业产品或服务价值的认可程度，顾客感知价值决定了企业的竞争优势，顾客体验价值是网络消费感知价值的重要影响要素之一。而顾客契合是互动体验和价值共创的核心，且能对顾客价值创造产生积极作用。因此，针对顾客契合、用户体验和价值共创之间的可能关系，本书从实证角度验证了价值共创视角下消费体验与顾客契合间的关系，研究发现：

　　一是生鲜电商用户消费体验对顾客发起价值共创与企业自发价值共创有显著的正向影响，在生鲜电商平台管理与用户广泛参与的条件下，消费体验的优化会促使顾客和企业进一步发起价值共创行为。

　　二是自发价值共创与发起价值共创正向影响顾客契合，价值共创对于促进顾客契合度的提升意义重大。

　　三是价值共创传导消费体验对于顾客契合的影响，自发价值共创和发起价值共创在消费体验与顾客契合的影响关系中起到中介作用。

8 总结与结论

结合生鲜农产品特征，本书首先系统梳理生鲜电商、消费者行为理论、冲动性购买理论、整合技术接受与使用理论（UTAUT）等相关概念与理论；其次，分别在 UTAUT 理论和冲动性购买理论的基础上，系统分析生鲜产品网购意愿问题；再次，利用信息非对称理论分别研究生鲜电商企业顾客忠诚度，以及生鲜电商供应链协调等问题；最后，从价值共创视角下分析生鲜电商企业的消费者体验与顾客契合关系。研究发现：

（1）消费者的感知风险对其网购生鲜产品的意愿有显著负向影响，且其影响大小较其他变量而言最大；消费者努力期望、绩效期望、冲动性、社会影响均会对其网购生鲜产品的意愿产生显著正向影响。

（2）价格折扣、时间压力、商家口碑、平台信誉因素可正向影响消费者的冲动性购买意愿；感知价值、顾客满意、顾客信任等因素均对生鲜农产品电子商务顾客忠诚度具有显著影响。

（3）生鲜电商与 TPL 服务商在分散决策下会造成供应链系统利润缺失，并且 TPL 服务商的保鲜努力水平远低于集中决策下的水平。"收益共享—成本共担"契约能够有效协调该生鲜电商供应链，激励 TPL 服务商提高保鲜努力水平，保证生鲜产品的新鲜度。

（4）生鲜电商用户消费体验对顾客发起价值共创与企业自发价值共创有显著的正向影响，在生鲜电商平台管理与用户广泛参与的条件下，消费体验的优化会促使顾客和企业进一步发起价值共创行为。

（5）自发价值共创与发起价值共创正向影响顾客契合，价值共创对于促进顾客契合度的提升意义重大；价值共创传导消费体验对于顾客契合的影响，自发价值共创和发起价值共创在消费体验与顾客契合的影响关系中起到中介作用。

为促使我国生鲜电商行业的健康发展，根据本书的研究结论，特提出如下建议：

（1）降低消费者的感知风险。首先，把控产品质量，生鲜电商企业应严格把控生鲜产品质量，并尽可能地将产品质量向消费者展示，使展示的质量与消费者预期的质量相匹配，甚至高于消费者预期质量；其次，做好产品定价，生鲜电商企业应全面考虑消费者的预期价格与企业实际情况进行定价；再次，做好服务质量，生鲜电商企业应为消费者购买生鲜产品的全过程提供完善的服务，以提升消费者对企业的好感度，降低消费者的感知风险；最后，完善物流，生鲜电商企业应建设完备、快捷的物流体系或与反应敏捷的第三方物流公司合作，以降低消费者购买产品的感知风险，产生良好的购买体验。

（2）提高消费者的努力期望。一方面，要提高信息的易获得性，生鲜电商企业应在网上提供详细完整、精确可靠的产品信息，并构建清晰美观、操作简单的网站平台，以使消费者能很容易地找到所需的信息；另一方面，提高平台的易用度，生鲜电商企业应能及时响应待处理订单，同时应向消费者推送符合其需求的广告和促销，以提高平台的易用度与消费者的努力期望。

（3）提高消费者的绩效期望。一方面，提升感知有用性。生鲜电商企业应提供能满足目标市场需求的产品种类，以使得消费者能通过网购生鲜电商的产品来提高生活质量和效率。另一方面，做好产品特征分析。生鲜电商企业应根据消费者的需求提供天然无污染、正宗且质量合格的产品，以使消费者更愿意购买该产品，促使消费者绩效期望的提高。

（4）合理运用消费者的冲动性。生鲜电商企业可以通过发布精修过的生鲜产品图片以及将产品经加工后形成的能使人产生强烈食欲的食物照片，同时利用节假日推出优惠活动并提供优质服务，促使消费者产生冲动性购买意愿。

（5）企业应该重视顾客感知价值。顾客感知价值是顾客感知损失和感知利益的均衡。因此让顾客"感受到"价值是提高顾客感知价值的关键，生鲜农产品电子商务平台应该加强个性化推荐，提高服务水平，保证产品质量，让到自己平台购物的顾客感到物有所值。

（6）提高顾客满意度。顾客前因因素都会对顾客满意度产生正面影响，生鲜电商企业应当同时兼顾价格优势、服务质量等。应该提高顾客满意度，避免虚假宣传，不要让顾客对产品抱有过高的期望，以此降低期望与现实的差距；还应该简化交易流程，使交易过程更加符合顾客的期望。此外，还可以通过对顾客满意度进行调查，针对不同顾客群体，了解顾客的真实需求，对不同顾客群体实行不同的策略。

（7）增强顾客信任。生鲜农产品电子商务平台应该增加审核监管机制，保证平台商品信息的真实可靠，避免误导消费者；同时，还应该积极为产品和服务质量提供一定保证，增强顾客信任，从而提高生鲜农产品顾客忠诚度。

参考文献

PELAEZ A, CAEN C W, CHEN Y X, 2019. Effects of perceived risk on intention to purchase: a meta-analysis [J]. Journal of computer information systems, 59 (1-4): 73-84.

BARHORST J B, MCLEAN G, SHAH E, et al, 2021. Blending the real world and the virtual world: exploring the role of flow in augmented reality experiences [J]. Journal of business research, 122: 423-436.

BIJMOLT T, LEEFLANG P, BLOCK F, et al, 2010. Analytics for Customer Engagement [J]. Journal of Service Research, 13 (3): 341-356.

BRAKUS, J. J, SCHMITT B H, ZARANTONELLO L, 2009. Brand experience: What is it? How is it measured? Does it affect loyalty? [J]. Journal of marketing, 73 (3): 52-68.

GABRIELE, RICCOLI, FRANCESCA, et at, 2014. Social media affordances: Enabling customer engagement [J]. Annals of tourism researchl: a social sciences journal, 48: 175-192.

CHEBAT J C, MICHON R, 2003. Impact of ambient odors on mall shoppers' emotions, cognition, and spending: A test of competitive causal theories [J]. Journal of business research, 56 (7): 529-539.

CHEN Q, XU X, CAO B, et al, 2016. Social media policies as responses for social media affordances: The case of China [J]. Government information quarterly, 313-324.

CHIU C M, HSU M H, LAI H, et al, 2012. Re - examining the

influence of trust on online repeat purchase intention: The moderating role of habit and its antecedents [J]. Decision support systems, 53 (4): 835−845.

CHUNHUA X, 2017. The influence of perceived risk on purchase intention—a case study of Taobao online shopping of fresh fruit [J]. Asian agricultural research, 9 (5): 30−35.

DONG X, WANG T, 2018. Social tie formation in Chinese online social commerce: The role of IT affordances [J]. International journal of information management, 42: 49−64.

DONOVAN R J, ROSSITER J R. 1982. Store atmosphere: an environmental psychology approach [J]. Journal of retailing, 58 (1): 34−57.

DOWLING G R, RICHARO S. 1994. A model of perceived risk and intended risk−handling activity [J]. Journal of consumer research, 21 (1): 119−134.

CHEN Z, DUBINSKY A J, 2010. 2003. A conceptual model of perceived customer value in e-commerce: A preliminary investigation [J]. Psychology & marketing, 20 (4): 362−380.

EROGLU S A, MACHLEIT K A, DAVIS L M. 2001. Atmospheric qualities of online retailing: A conceptual model and implications [J]. Journal of business research, 54 (2): 177−184.

FEINBERG F M, KRISHNA A, ZHANG Z J, 2002. Do we care what others get? A behaviorist approach to targeted promotions [J]. Journal of marketing research, 39 (3): 277−291.

GALE, PARCHOMA, 2017. The contested ontology of affordances: Implications for researching technological affordances for collaborative knowledge production-ScienceDirect [J]. Computers in human behavior, 37: 360−368.

GORDON M E, SLADE L A, SCHMITT N, 1987. Student guinea pigs: Porcine predictors and particularistic phenomena [J]. Academy of management review, 12 (1): 160−163.

MARTIN H S, HERRERO A, 2012. Influence of the user's psychological factors on the online purchase intention in rural tourism: Integrating innovativeness to the UTAUT framework [J]. Tourism management, 33 (2): 341-350.

LOEWENSTEIN G F, HOCH S J, 1991. Time-inconsistent preferences and consumer self-control [J]. Journal of consumer research, 17 (4): 492-507.

HOFFMAN D L, NOVAK T P, 1996. Marketing in hypermedia computer -mediated environments: Conceptual foundations [J]. Journal of marketing, 60 (3): 50-68.

HOLLEBEEK L D, 2011. Demystifying customer brand engagement: Exploring the loyalty nexus [J]. Journal of marketing management, 27 (7-8): 785-807.

CHANG H H, CHEN S W, 2008. The impact of online store environment cues on purchase intention [J]. Online information review, 32 (6): 818-841.

KIM M J, HALL C M, 2019. A hedonic motivation model in virtual reality tourism: Comparing visitors and non-visitors [J]. International journal of information management, 46: 236-249.

KOLLAT D T, WILLETT R P, 1969. Is impulse purchasing really a useful concept for marketing decisions? [J]. Journal of marketing, 33 (1): 79-83.

KOROLEVA K, KANE G C, 2017. Relational affordances of information processing on Facebook [J]. Information & Management, 54 (5): 560-572.

YONG L, LI H, FENG H, 2013. Website attributes in urging online impulse purchase: An empirical investigation on consumer perceptions [J]. Decision support systems, 55 (3): 829-837.

LUO X, 2007. How does shopping with others influence impulsive purchasing? [J]. Journal of consumer psychology, 15 (4): 288-294.

RICHINS M L, 1994. Special possessions and the expression of material values [J]. Journal of consumer research, 21 (3): 522-533.

HAUSMAN A V, SIEKPE J S, 2009. The effect of web interface features on consumer online purchase intentions [J]. Journal of business research, 62 (1): 5-13.

NOVAK T P, HOFFMAN D L, YUNG Y F, 2000. Measuring the customer experience in online environments: A structural modeling approach [J]. Marketing science, 19 (1): 22-42.

OOSTERVINK N, AGTERBERG M, HUYSMAN M, 2016. Knowledge Sharing on Enterprise Social Media: Practices to Cope with Institutional Complexity [J]. Journal of computer-mediated communication, 21 (2): 156 -176.

PARK C W, LYER E S, SMITH D C, 1989. Effects of situational factors on in-store grocery shopping behavior: The role of store environment and time available for shopping [J]. Journal of consumer research, 15 (4): 422-433.

PECK J, CHILDERS T L, 2006. If I touch it, I have to have it: Individual and environmental influences on impulse purchasing [J]. Journal of business research, 59 (6): 765-769.

HUANG Q, CHEN X, OU C X, et al. 2017. Understanding buyers' loyalty to a C2C platform: the roles of social capital, satisfaction and perceived effectiveness of e-commerce institutional mechanisms [J]. Information systems journal, 27 (1): 91-119.

RAMAYAH T, LEE J, MOHAMAD O, 2010. Green product purchase intention: Some insights from a developing country [J]. Resources, conservation and recycling, 54 (12): 1 419-1 427.

ROOK D W, 1987. The Buying Impulse [J]. Journal of consumer research, 14 (2): 189-199.

BISWAS S, 2004. The future of competition: Co-creating unique value with customers [J]. Journal of competitiveness studies, 12 (5): 155-157.

BABA S, ALEXANDER F, 1999. Heart and mind in conflict: the interplay of affect and cognition in consumer decision-making [J]. Journal of consumer research, 26 (3): 278-292.

STERN H. 1962. The significance of impulse buying today [J]. Journal of marketing, 26 (2): 59-62.

SU Y, CHIANG W, JAMES LEE C, et al, 2016. The effect of flow experience on player loyalty in mobile game application [J]. Computers in human behavior, 63: 240-248.

TAO Z, YAOBIN L, BIN W, 2009. The relative importance of website design quality and service quality in determining consumers' online repurchase behavior [J]. Information systems management, 26 (4): 327-337.

TREEM J W, LEONARDI P M, 2013. Social media use in organizations: exploring the affordances of visibility, editability, persistence, and association [J]. Annals of the international communication association, 36 (1): 143-189.

TUYET MAI N T, JUNG K, LANTZ G, et al, 2003. An exploratory investigation into impulse buying behavior in a transitional economy: a study of urban consumers in vietnam [J]. Journal of international marketing, 11 (2): 13-35.

VENKATESH V, MORRIS M G, DAVIS G B, et al, 2003. User acceptance of information technology: toward a unified view [J]. MIS Quarterly, 27 (3): 425-478.

WANG C, PING Z, 2012. The evolution of social commerce: the people, management, technology, and information dimensions [J]. Communications of the association for information systems, 31 (5): 105-127.

WATSON J B, 1994. Psychology as the Behaviorist Views It [J]. Psychological review, 101 (2): 248-253.

WEINBERG P, GOTTWALD W, 1982. Impulsive consumer buying as a result of emotions [J]. Journal of business research, 10 (1): 43-57.

YY A, RMD B, CM A, 2013. Employee creativity formation: The roles of knowledge seeking, knowledge contributing and flow experience in Web 2.0 virtual communities [J]. Computers in human behavior, 29 (5): 1 923-1 932.

GUO Y M, POOLE M S, 2010. Antecedents of flow in online shopping:

a test of alternative models [J]. Information systems journal, 19 (4): 369-390.

YIM M Y, CHU S, SAUER P L, 2017. Is augmented reality technology an effective tool for E-commerce? An interactivity and vividness perspective [J]. Journal of interactive marketing, 39: 89-103.

ZHANG M, GUO L, HU M, et al, 2017. Influence of customer engagement with company social networks on stickness: mediating effect of customer value creation [J]. International journal of information management, 37 (3): 229-240.

艾瑞网. 2018. 2018 年中国生鲜电商行业消费洞察报告 [EB/OL]. (2018-01-15). http://report.iresearch.cn/report_pdf.aspx?id=3123.

白雪玘, 2016. 基于生鲜电商视角的冲动性购买意愿影响因素研究 [D]. 北京: 北京交通大学.

白长虹, 范秀成, 甘源, 2002. 基于顾客感知价值的服务企业品牌管理 [J]. 外国经济与管理, 24 (2): 7-13.

常亚平, 朱东红, 李荣华, 2012. 感知产品创新对冲动购买的作用机制研究 [J]. 科研管理, 33 (3): 18-26, 35.

陈范娇, 2016. 生鲜电商消费者满意度影响因素实证研究 [J]. 商业经济研究, (8): 49-51.

程坚峰, 2020. 淘宝直播平台互动性对顾客满意度的影响研究: 基于感知价值的中介作用 [D]. 上海: 华东师范大学.

程晓璐, 2010. 基于 UTAUT 的移动商务用户接受模型研究 [D]. 杭州: 浙江大学.

崔正, 赵梦琪, 徐仲月, 2018. 交易型虚拟社区顾客体验对顾客契合的影响研究 [J]. 价格月刊, (9): 64-69.

但斌, 郑开维, 邵兵家, 2017. 基于消费众筹的"互联网+"生鲜农产品供应链预售模式研究 [J]. 农村经济, (2): 83-88.

电子商务研究中心, 2018. 2018 (上) 中国网络零售市场数据监测报告 [EB/OL]. (2018-09-27). http://www.100ec.cn/zt/18wlls/.

范秀成, 罗海成, 2003. 基于顾客感知价值的服务企业竞争力探析

[J]. 南开管理评论, 6 (6): 41-45.

冯炜, 2010. 消费者网络购物信任影响因素的实证研究 [D]. 杭州: 浙江大学.

冯亚中, 苏荔, 陈岩, 2018. 生鲜电商消费者购买意愿的影响因素研究 [J]. 物流工程与管理, 40 (12): 60-62.

公瑞祥, 2017. 基于顾客价值理论的农产品直播营销模式研究 [D]. 郑州: 华北水利水电大学.

龚潇潇, 叶作亮, 吴玉萍, 等, 2019. 直播场景氛围线索对消费者冲动消费意愿的影响机制研究 [J]. 管理学报, 16 (6): 875-882.

国务院办公厅关于加快发展冷链物流保障食品安全促进消费升级的意见 [EB/OL]. (2017-04-21). http://www. gov. cn/zhengce/content/2017-04/21/content_ 5187961. htm.

韩丹, 慕静, 宋磊, 2018. 生鲜农产品消费者网络购买意愿的影响因素研究——基于 UTAUT 模型的实证分析 [J]. 东岳论丛, 39 (4): 91-101.

韩小芸, 胡琳, 张旭文, 2016. 虚拟社区顾客契合对顾客共创价值的影响 [J]. 服务科学和管理, 5 (3): 94-107.

何德华, 韩晓宇, 李优柱, 2014. 生鲜农产品电子商务消费者购买意愿研究 [J]. 西北农林科技大学学报 (社会科学版), (4): 85-91.

何军红, 杜尚蓉, 李仲香, 2019. 在线评论对冲动性移动购物意愿的影响研究 [J]. 当代经济管理, 41 (5): 25-31.

何鹏飞, 2014. 基于 UTAUT 的高校学生移动图书馆使用影响因素分析 [D]. 重庆: 西南大学.

胡世杰, 2019. 线上促销对消费者冲动购买的影响研究——基于中庸价值观的调节作用 [D]. 青岛: 青岛大学.

胡雪松, 2021. 大数据背景下线上推送商品信息对消费者购买意愿的影响 [J]. 商业经济研究, (2): 64-66.

贾晓锋, 2019. 电商直播平台消费者购买及融入意愿研究 [D]. 北京: 北京邮电大学.

简兆权, 令狐克睿, 2018. 虚拟品牌社区顾客契合对价值共创的影响

机制 [J]. 管理学报，(3)：326-334，344.

姜欢，2016. B2C 生鲜电商服务质量对顾客忠诚的影响研究 [D]. 蚌埠：安徽财经大学.

荆宁宁，李德峰，2015. 顾客契合研究综述 [J]. 外国经济与管理，37 (7)：33-45.

李波，2018. 权力感对冲动购买的影响：自我控制的中介和同伴类型的调节 [D]. 杭州：浙江大学.

李怀祖，2004. 管理研究方法论 [M]. 西安：西安交通大学出版社.

李琪，李欣，魏修建，2020. 整合 SOR 和承诺信任理论的消费者社区团购研究 [J]. 西安交通大学学报（社会科学版），40 (2)：25-35.

李文勇，谭通慧，刘莉，2018. 旅游网站用户"体验感知-契合行为"关系研究——基于价值共创视角 [J]. 科技创新与应用，(26)：42-44+46.

李一玫，2016. 生鲜电商产品特征对消费者感知风险与购买意向的影响关系研究 [D]. 广州：华南理工大学.

廖文亮，2012. 感知风险视角下的网络消费者购买意愿研究 [D]. 杭州：浙江大学.

刘娟，2017. 网购生鲜农产品消费者购买意愿实证研究 [D]. 长春：吉林大学.

刘平胜，石永东，林炳坤，2020. 电商直播背景下社群互动信息对用户购买意愿的影响 [J]. 企业经济，39 (09)：72-79.

刘洋，李琪，殷猛，2020. 网络直播购物特征对消费者购买行为影响研究 [J]. 软科学，34 (6)：108-114.

刘瑶，2016. 网络经济下消费者多渠道选择影响因素实证研究 [D]. 北京：对外经济贸易大学.

潘煜，高丽，王方华，2009. 中国消费者购买行为研究——基于儒家价值观与生活方式的视角 [J]. 中国工业经济，(9)：77-86.

潘煜，高丽，张星，等，2014. 中国文化背景下的消费者价值观研究——量表开发与比较 [J]. 管理世界，(4)：90-106.

前瞻产业研究院 . 2018 年中国生鲜行业研究报告 [EB/OL]. (2018-12

－03）. https：//bg. qianzhan. com/report/detail/1812031016415861. html # read.

曲洪建，汪淼，2019. 退货政策对服装消费者网购行为的影响［J］. 东华大学学报（自然科学版），45（1）：142-150.

沈子平，2017. 消费者的中庸价值观对新能源汽车购买意愿的影响研究［D］. 上海：华东师范大学.

盛光华，解芳，曲纪同，2017. 新消费引领下中国居民绿色购买意图形成机制［J］. 西安交通大学学报（社会科学版），37（4）：1-8.

石文奇，程凡，展海燕，等，2021. 短视频对服装服饰类用户购买意愿的影响［J］. 北京服装学院学报（自然科学版），41（1）：67-72.

孙会静，2014. 基于 UTAUT 的移动应用商店用户行为影响因素研究［D］. 北京：北京邮电大学.

涂剑波，陶晓波，杨一翁，2018. 购物网站服务场景、共创价值与购买意愿—顾客契合的中介效应［J］. 财经论丛，（12）：95-104.

王克喜，戴安娜，2017. 基于 Logit 模型的绿色生鲜农产品网购意愿的影响因素分析［J］. 湖南科技大学学报（社会科学版），20（2）：87-93.

王琦萍，2014. 企业微信精准营销对用户的购买意愿及购买行为影响研究［D］. 上海：上海交通大学.

王睿，2013. 智能移动终端应用商店的用户购买意愿影响因素研究［D］. 北京：北京邮电大学.

王彤，2020. 电商直播情境下消费者购买意愿研究［D］. 北京：中央民族大学.

魏华，万辉，2020. 网络零售企业社会责任对消费者购买意愿的影响——基于 SOR 模型的实证［J］. 哈尔滨商业大学学报（社会科学版），（3）：64-73.

魏守波，程岩，2012. 虚拟氛围对在线消费者冲动购买意向影响的实证研究［J］. 系统管理学报，21（4）：531-539.

吴明隆，2010. 问卷统计分析实务：SPSS 操作与应用［M］. 重庆：重庆大学出版社.

吴士健，孙专专，权英，2020. 中庸思维对知识隐藏与员工创造力的

影响机制研究 [J]. 管理学报, 17 (4): 527-535.

肖哲晖, 2015. 电子商务环境下生鲜农产品消费者信任研究 [D]. 武汉: 华中科技大学.

熊素红, 景奉杰, 2010. 冲动性购买影响因素新探与模型构建 [J]. 外国经济与管理, 32 (5): 56-64.

徐劲松, 陈松, 2017. 沉浸体验对心理资本的新拓展——基于对研发人员的研究 [J]. 华东经济管理, 31 (2): 126-133.

徐娟, 黄奇, 袁勤俭, 2018. 沉浸理论及其在信息系统研究中的应用与展望 [J]. 现代情报, 38 (10): 157-166.

许贺, 曲洪建, 蔡建忠, 2021. 网络直播情境下服装消费者冲动性购买意愿的影响因素 [J]. 东华大学学报 (自然科学版), (5): 111-120.

薛薇, 2017. 统计分析与 SPSS 的应用 [M]. 5 版. 北京: 中国人民大学出版社.

严安, 2012. 基于 UTAUT 的百度产品用户使用行为影响因素研究 [J]. 现代情报, 32 (11): 100-104, 122.

杨晓鹏, 艾时钟, 2015. 信息不对称调节下网站质量对购买意愿影响的实证研究 [J]. 情报科学, 33 (10): 85-90.

杨椅伊, 贾良定, 刘德鹏, 2017. 感知成员间深层次差异对员工建言行为的影响——感知涌现状态的机制研究 [J]. 经济管理, 39 (4): 97-112.

杨中芳, 2009. 传统文化与社会科学结合之实例: 中庸的社会心理学研究 [J]. 中国人民大学学报, 23 (3): 53-60.

易观, 2018 中国生鲜电商行业年度综合分析 [EB/OL]. (2018-02-11). http://www.199it.com/archives/690483.html.

张蓓, 黄志平, 文晓巍, 2014. 营销刺激、心理反应与有机蔬菜消费者购买意愿和行为——基于有序 Logistic 回归模型的实证分析 [J]. 农业技术经济, (2): 47-56.

张蓓佳, 2017. 基于 SOR 理论的网络退货政策宽松度对消费者购买意愿影响机理研究 [J]. 消费经济, 33 (1): 83-89.

张国政, 彭承玉, 张芳芳, 等, 2017. 农产品顾客感知价值及其对购买意愿的影响——基于认证农产品的实证分析［J］. 湖南农业大学学报（社会科学版），18（2）：24-28.

张静，2020. SOR模型下渠道选择对消费者购买意愿的影响机制分析——以心流体验为中介变量［J］. 商业经济研究，（6）：73-75.

张康，2018. 消费者线上生鲜农产品购买态度对购买意愿影响的研究——基于食品安全信任的调节作用［D］. 杭州：浙江财经大学.

张李义，王磊，韩莹，2010. 中国服装B2C网站信息可获得性研究［J］. 图书情报工作，54（4）：129-134.

张明鑫，2021. 大学生社会化阅读APP持续使用意愿研究——沉浸体验的中介效应［J］. 大学图书馆学报，39（1）：100-109.

张伟，杨婷，张武康，2020. 移动购物情境因素对冲动性购买意愿的影响机制研究［J］. 管理评论，32（2）：174-183.

张夏恒，2014. 生鲜电商物流现状、问题与发展趋势［J］. 贵州农业科学，42（11）：275-278.

张应语，张梦佳，王强，等，2015. 基于感知收益-感知风险框架的O2O模式下生鲜农产品购买意愿研究［J］. 中国软科学，（6）：128-138.

张宇琪，2020. 基于SOR模型的直播电商持续使用意愿研究［D］. 北京：北京外国语大学.

张正林，庄贵军，2008. 基于社会影响和面子视角的冲动购买研究［J］. 管理科学，21（6）：66-72.

张志安，黄桔琳，2020. 传播学视角下互联网平台可供性研究及启示［J］. 新闻与写作，（10）：87-95.

章璇，景奉杰，2012. 网购商品的类型对在线冲动性购买行为的影响［J］. 管理科学，25（3）：69-77.

赵保国，成颖慧，2013. 网络团购中消费者购买意愿影响因素研究［J］. 中央财经大学学报，（10）：91-96.

赵哲，贾薇，程鹏，2017. 垂直电商的服务创新与价值共创实现机制研究——基于服务主导逻辑的视角［J］. 大连理工大学学报（社会科版），（4）：64-73.

中商产业研究院，2019. 2018年中国生鲜电商行业研究报告［R］.

中商产业研究院.

周晖, 夏格, 邓舒, 2017. 差错管理气氛对员工创新行为的影响——基于中庸思维作为调节变量的分析 [J]. 商业研究, (4): 115-121.

周元元, 胡杨利, 张琴, 2017. 时间压力下你想听什么? 参照组影响对冲动购买的调节 [J]. 心理学报, (11): 1 439-1 448.

祝君红, 朱立伟, 黄新飞, 2017. 基于 SEM 的消费者网购生鲜农产品意愿影响因素研究 [J]. 上海商学院学报, 18 (3): 50-58.

李雷, 简兆权, 2013. 服务接触与服务质量: 从物理服务到电子服务 [J]. 软科学, 7 (12): 5-6.

张瑾, 2015. 基于 O2O 电子商务下顾客忠诚形成机理研究 [D]. 上海: 上海工程技术大学.

邓爱民, 陶宝, 马莹莹, 2014. 网络购物顾客忠诚影响因素的实证研究 [J]. 中国管理科学, 22 (6): 94-102.

Burham T A, Frels J K, Mahajan V. 2005. Consumer switching costs: A typology, antecedents, and consequence [J]. Journal of the academy of marketing science, 31 (2): 109.

马士华, 2020. 供应链管理 [M]. 北京: 机械工业出版社.

Pasternack B. 2002. Supply chain management: Model, application, and study directions [M]. Netherlands: Kluwer Academ ic.

王安琪, 穆芸, 张佳欣, 2020. 女装品牌卖场沉浸体验对消费者购物影响研究 [J]. 北京服装学院学报: 自然科学版, 40 (3): 9.

附录

A.1 生鲜产品网购意愿研究

第一部分 基本信息

1. 您是否曾在网上购买过生鲜产品？

○ A. 是

○ B. 否 （请跳至该问卷末尾，提交答卷）

2. 您的性别是？

○ A. 男

○ B. 女

3. 您的年龄是？

○ A. 20 岁以下

○ B. 20～30 岁

○ C. 31～40 岁

○ D. 41～50 岁

○ E. 50 岁以上

4. 您的学历是？

○ A. 初中及以下

○ B. 高中（含职高）

○ C. 本科/大专

○ D. 硕士

○ E. 博士

5. 您的职业是？

○ A. 学生

○ B. 白领

○ C. 工人

○ D. 公务员

○ E. 老师

○ F. 其他＿＿＿＿＿＿＿＿

6. 您在网上购买生鲜产品的频率为？

○ A. 一周一次及更少

○ B. 一周两次

○ C. 一周三次

○ D. 一周四次及更多

7. 您网购过的生鲜农产品类别是？

□ A. 水果蔬菜

□ B. 海鲜水产

□ C. 鲜肉蛋禽

□ D. 其他＿＿＿＿＿＿＿＿

8. 您是出于什么原因选择某个生鲜电商平台购买产品的？

□ A. 物流快

□ B. 产品质量好

□ C. 客服服务态度好

□ D. 商家信誉好

□ E. 产品品牌

□ F. 其他＿＿＿＿＿＿＿＿

第二部分　基础问题

9. 绩效期望

题项	非常同意	同意	一般	不同意	非常不同意
9-1. 通过生鲜电商平台能获得更多样的生鲜产品种类及商家的信息资源和服务	○	○	○	○	○
9-2. 网购生鲜产品时，您会关注生鲜产品是否纯天然无污染	○	○	○	○	○
9-3. 网购生鲜产品时，您会关注生鲜产品的产地是否正宗	○	○	○	○	○
9-4. 网购生鲜产品时，您会关注生鲜产品是否经有关部门检验合格	○	○	○	○	○
9-5. 您认为在网上购买生鲜产品能提高自己的生活效率	○	○	○	○	○

10. 努力期望

题项	非常同意	同意	一般	不同意	非常不同意
10-1. 您认为生鲜电商平台能提供详细完整、精确可靠的商品信息	○	○	○	○	○
10-2. 您认为生鲜电商网站结构清晰美观、操作简单	○	○	○	○	○
10-3. 您认为在生鲜电商网站上可以很容易找到需要的产品	○	○	○	○	○
10-4. 您认为生鲜电商网站发送给您的广告和促销活动适合您的情况	○	○	○	○	○
10-5. 您认为生鲜电商网站能够很快处理订单	○	○	○	○	○

11. 社会影响

题项	非常同意	同意	一般	不同意	非常不同意
11-1. 当您的朋友向您推荐某生鲜电商平台时，很大程度上您会听从他们的建议	○	○	○	○	○

表（续）

题项	非常同意	同意	一般	不同意	非常不同意
11-2. 当您周围的人都在使用某种产品或服务时，很大程度上您也会使用该种产品或服务	○	○	○	○	○

12. 感知风险

题项	非常同意	同意	一般	不同意	非常不同意
12-1. 您在网上购买的生鲜产品质量达到了预期效果	○	○	○	○	○
12-2. 您在网上购买的生鲜产品价格低于市场价格	○	○	○	○	○
12-3. 您在网上购买的生鲜产品服务（售前、售中、售后服务）很完善	○	○	○	○	○
12-4. 您在网上购买的生鲜产品外观与卖家的描述相符	○	○	○	○	○
12-5. 您认为生鲜电商商家物流服务较好	○	○	○	○	○

13. 冲动性

题项	非常同意	同意	一般	不同意	非常不同意
13-1. 产品图片的美观程度会导致您在网上购买生鲜产品时产生冲动性购物的意愿或行为	○	○	○	○	○
13-2. 产品介绍的详细程度会导致您在网上购买生鲜产品时产生冲动性购物的意愿或行为	○	○	○	○	○
13-3. 产品优惠活动（限时降价促销及赠送赠品）会导致您在网上购买生鲜产品时产生冲动性购物的意愿或行为	○	○	○	○	○
13-4. 卖家服务会导致您在网上购买生鲜产品时产生冲动性购物的意愿或行为	○	○	○	○	○

A. 2 基于冲动性购买理论的生鲜产品网购意愿研究

第一部分 基本信息

1. 您的性别是

A. 男　　　　　　　　B. 女

2. 您的年龄是

A. 20 岁以下　　　　B. 20~30 岁以内　　　　C. 30~40 岁

D. 40~50 岁　　　　E. 50 岁以上

3. 您的学历是

A. 初中及以下　　　　B. 高中（含职高）　　　C. 大专

D. 本科　　　　　　　E. 硕士及以上

4. 您的职业是

A. 学生　　　　　　　B. 私人/外资企业员工

C. 国有企事业单位工作人员　　　D. 自由工作者　　　E. 其他

5. 网络购买生鲜产品时您会关注以下哪些因素 ［多选］

A. 产品品质　　　　　B. 价格折扣　　　　　C. 物流服务

D. 商家口碑　　　　　E. 平台信誉　　　　　F. 时间压力

G. 其他

第二部分 消费者冲动购买生鲜产品影响因素调查

请您回忆您曾经的网购生鲜产品的经历，从以下选项中选出最符合您情况的选项。

6. 产品特征—产品品质

	非常同意	同意	一般	不同意	非常不同意
6-1. 您认为该商店/网站不会出售质量不合标准的产品—	—	—	—	—	—
6-2. 您认为该商店/网站出售的产品质量令人放心—	—	—	—	—	—

7. 产品特征—价格折扣

	非常同意	同意	一般	不同意	非常不同意
7-1. 打折商品会对您的购买计划产生很大影响—	—	—	—	—	—
7-2. 看到打折商品时，您会很想买下—	—	—	—	—	—
7-3. 商品打折后，您认为该商品的性价比更高—	—	—	—	—	—

8. 情境特征—时间压力

	非常同意	同意	一般	不同意	非常不同意
8-1. 您更倾向于在某一时间段购买生鲜产品—	—	—	—	—	—
8-2. 您更倾向于在用餐前的时间段购买生鲜产品，为用餐做准备—	—	—	—	—	—

9. 情境特征—物流服务

	非常同意	同意	一般	不同意	非常不同意
9-1. 您对该商家/平台提供的物流服务很放心—	—	—	—	—	—
9-2. 该商家/平台提供的物流服务令您满意—	—	—	—	—	—

10. 情境特征—商家口碑

	非常同意	同意	一般	不同意	非常不同意
10-1. 您认为该商家的口碑是值得信赖的—	—	—	—	—	—
10-2. 您认为该商家的大众认可度比较高—	—	—	—	—	—

11. 情境特征—平台信誉

	非常同意	同意	一般	不同意	非常不同意
11-1. 您认为该平台是值得信赖的—	—	—	—	—	—
11-2. 您认为该平台提供的服务是可靠的—	—	—	—	—	—
11-3. 您认为使用该平台的风险较小—	—	—	—	—	—

12. 冲动性购买意愿

	非常同意	同意	一般	不同意	非常不同意
12-1. 在网购中，对于购买计划之外的商品，我会突然产生购买欲望 —	—	—	—	—	—
12-2. 在网购中，我会购买一些本不打算购买的商品—	—	—	—	—	—

A.3 生鲜电商企业顾客忠诚度研究

第一部分 基本信息

1. 您在网上购买过特色农产品吗？

A. 有　　　　　　B. 没有

2. 您的年龄段：

A. 18岁以下　　B.18～25岁　　　C.26～35岁　　　D. 36～55岁

E. 55岁以上

3. 您的性别：

A. 男　　　　　　B. 女

4. 您的教育程度：

A. 高中及以下　B. 专科　　　　C. 本科　　　　　D. 硕士及以上

5. 您目前从事的职业：

A. 学生　　　　B. 企业工作人员　　　C. 政府工作人员

D. 事业单位工作　　　　E. 其他

6. 您的月收入：

A. 2 000 元以下　　B. 2 000~3 000 元　　　　C. 3 001~5 000 元

D. 5 001~8 000 元　　　　　　　　C. 8 000 元以上

7. 您大概隔多长时间购买一次特色农产品?

A. 1 周一次　　　　B. 1 月一次　　　　C. 3 个月一次

D. 6 个月一次　　　E. 1 年一次　　　　F. 更长时间

8. 您每次在网上购买特色农产品的金额大概是（元)?

A. 100 元以内　　B. 101~300 元　　C. 301~500 元　　D. 500 元以上

第二部分　研究调查项

选择相应的选项（每个变量有 5 种选择，分别是"非常不同意""不同意""一般""同意""非常同意"，分别记为 1、2、3、4、5)

9. 本题测量您对购买过的特色农产品质量的态度，请根据您的真实感受选择。

序号	问题项	1	2	3	4	5
9-1	企业网站上销售的特色生鲜农产品与我订购的一致—	—	—	—	—	—
9-2	企业网站上销售的特色生鲜农产品质量让我满意					
9-3	企业网站上销售的特色生鲜农产品新鲜度让我满意					
9-4	总体而言，我对企业网站上销售的特色生鲜农产品感到满意					

10. 本题测量您对购买过的特色生鲜农产品的企业网站设计的态度，请根据您的真实感受选择。

序号	问题项	1	2	3	4	5
10-1	企业网站有联系方式，与企业互动交流畅通					
10-2	企业网站有对常见问题的解答，其功能设计容易掌握且方便操作					

表（续）

序号	问题项	1	2	3	4	5
10-3	企业网站的导航设计很直观					
10-4	企业网站的支付方式便捷、安全					
10-5	企业网站有视频、图片对产品进行介绍					
10-6	企业网站的页面设计优雅简单、布局合理					
10-7	企业网站的色彩搭配合理、主体鲜明					

11. 本题测量您对购买过的特色生鲜农产品的企业服务质量的态度，请根据您的真实感受选择。

序号	问题项	1	2	3	4	5
11-1	企业网站提供了传输反馈问题的渠道					
11-2	企业网站能够解答我所提出的大多数问题					
11-3	企业网站送货渠道多且方便					
11-4	我在企业网站上购买的特色生鲜农产品都能及时送达					
11-5	企业网站的售后态度很好，能及时解决特色生鲜农产品的退换货问题					

12. 本题测量您对购买过的特色生鲜农产品的企业品牌形象的态度，请根据您的真实感受选择。

序号	问题项	1	2	3	4	5
12-1	企业网站有诚信的形象					
12-2	企业网站在社会上有很好的名声					
12-3	该企业网站有很高的知名度，是一个大品牌					
12-4	该企业网站的用户数量多					
12-5	该企业网站的域名简单易记					

13. 本题测量您对购买过的特色生鲜农产品企业的忠诚度，请根据您的真实感受选择。

序号	问题项	1	2	3	4	5
13-1	我期待将来再次在该企业网站上购买特色生鲜农产品					
13-2	我将会继续在该企业网站上购买特色生鲜农产品					
13-3	在网购特色生鲜农产品时，我会优先考虑在该企业的网站上进行购买					
13-4	我会提高对企业网站的访问					
13-5	该电子商务企业能够提供我所期望的服务					
13-6	我将会增加通过该企业网站购买特色生鲜农产品的次数					
13-7	当他人相应购买特色农产品时，我会主动向其推荐该企业的特色生鲜农产品					